MODESTA MATA

NO AL BULLYING

Ibukku es una editorial de autopublicación. El contenido de esta obra es responsabilidad del autor y no refleja necesariamente las opiniones de la casa editora.

Publicado por Ibukku
www.ibukku.com

Diseño y maquetación: Índigo Estudio Gráfico
Copyright © 2018 MODESTA MATA
ISBN Paperback: 978-1-64086-134-3
ISBN eBook: 978-1-64086-135-0
Library of Congress Control Number 2018937116

ÍNDICE

Los conceptos emitidos en este libro no hacen referencia a persona alguna, política, religión, sexo, etnia, raza, ciudad, país, comunidad, o alguna otra cosa creada o parecida. Cualquier semejanza con un hecho o situación en particular, es sólo producto de la coincidencia. No intenta decir a los padres cómo van a educar a sus hijos, es la suma, más bien, de una larga experiencia. Tras varios años trabajando con niños y adolescentes, es el resultado de una mente libre, que hace uso de la libertad de expresión y la difusión del pensamiento.

Dedicado a todas las personas
víctimas de Bullying

Introducción

El Bullying escolar es la intimidación que recibe una víctima durante el período o tiempo escolar, puede producirse tanto dentro del aula, el plantel o fuera del mismo. El hostigamiento e intimidación se realizan con el único propósito de causar molestia y daño consciente o inconsciente. La forma de Bullying podría ser bastante variada, aun así, el Bullying sigue siendo Bullying; puede ser verbal, psicológico, con gestos y /o físico cuando se va a los extremos. El psicológico podría resultar uno de los más peligrosos, porque las heridas y laceraciones internas en la mayoría de los casos, no logran cicatrizar.

Aunque el Bullying suele ser escolar, existen diversos lugares donde puede ocurrir. Nuestro propósito es enfocarnos en el Bullying escolar; los niños y los adolescentes siempre serán nuestra prioridad.

El Bullying escolar es un problema que afecta y ha afectado a millones de niños y adolescentes en la escuela, sobre todo cuando están en la primaria y la secundaria.

No es exclusivo de ningún lugar. Esta problemática ha estado afectando a miles e incontables niños, niñas y adolescentes a nivel mundial, sin que se vislumbre alguna salida y oportuna solución para que los estudiantes que sufren día a día y año tras año, puedan asistir a la escuela con la tranquilidad de que no van a ser molestados por otros compañeros de la misma aula o del centro educativo al que pertenecen. Parece ser que no se ha buscado una solución a un problema que ha venido terminando con tantas vidas y por supuesto, el Bullying escolar se ha convertido en un obstáculo para que muchos niños y adolescentes puedan alcanzar sus sueños y los de sus padres.

Hay que reconocer que los profesionales de la conducta y orientadores que trabajan en las escuelas y otros sectores, han venido realizando hasta el día de hoy una buena labor, en compañía de los maestros, para que ambos, la víctima y el victimario, reciban las atenciones que se requieren. A pesar de ese arduo trabajo, falta mucho por hacer.

Este problema del Bullying escolar no tendrá solución hasta que la sociedad se involucre en la formación y creación de herramientas y estrategias, con el propósito de tratar el Bullying y prevenirlo y sobre todo, de que se empiece a mirar el Bullying escolar como lo que es, un problema que de una u otra forma causa sufrimiento, dolor, angustia, desesperación y está destruyendo la vida de nuestros mayores tesoros: los niños y adolescentes.

Un niño, niña o adolescente, no sólo le pertenece a su familia, ellos nos pertenecen a todos como sociedad, porque ellos son el presente y el futuro, son los adultos y líderes del mañana.

Enfoquemos nuestras miradas hacia este fenómeno destructor, digámosle al Bullying escolar que no es bienvenido; es un derecho de los niños el poder asistir a su escuela sin miedo a ser intimidados por otros estudiantes. Eduquemos a los niños y adolescentes con base en valores, con amor, respeto y para la paz.

Bullying escolar

El Bullying escolar se caracteriza por el maltrato verbal, físico y psicológico que sufren algunos niños y adolescentes por parte de uno o más compañeros en la escuela, tanto dentro como fuera de ella y en los alrededores; los niños que se convierten en víctimas, muchas veces no quieren asistir a las escuelas por el temor que sienten a ser intimidados y /o agredidos físicamente. Los niños que están sufriendo Bullying por un compañero, a veces no se atreven a contarles a sus padres o tutores, una porque algunas veces son amenazados por los victimarios y otras, por temor a ser castigados por los padres. Algunos adultos suelen culparles por ser agredidos, suponen que ellos han dado algún motivo; el padre con esta actitud no comprende que un agresor no necesita ni una sola chispa de razón cuando quiere hostigar o hacer sufrir a alguien.

Los adolescentes son los más propensos a reaccionar con violencia y a intimidar a otros estudiantes.

Se tornan violentos y agresivos con sus compañeros de aula o de escuela; es muy difícil para un jovencito tolerar cualquier acción, aunque sólo sea un gesto. Suelen hacerle Bullying a otro que a ellos no les agrada, sin razón visible, en el aula, en la cancha, la cafetería o en cualquier lugar a su alcance en los horarios de clases y sucede también en la escuela en general, Muchos están al acecho a la salida de los planteles para atacar en grupo a quien a ellos nos les agradan o simplemente por nada, sin mediar palabras, o porque no le simpatiza, y lo que es peor por, la sencilla razón de que a su amigo o amiga no les gusta.

Por cosas tan simples como no caerle bien a alguien, les dicen obscenidades y una serie de palabras fuera de tono y descompuestas; los agreden física, verbal y psicológicamente.

En el mayor de los casos el victimario podría ser víctima de violencia de una u otra forma en su entorno familiar. Existen hogares que no usan maltratos físicos en la corrección de los niños y adolescentes, pero les agreden verbalmente, causándoles heridas muchas veces incurables; los ofenden hasta delante de sus amigos o en otros, reciben amenazas de parte de algún adulto que también es violencia.

Todo esto va dañando la personalidad tanto de los jóvenes, como de los niños. Llegan a tal grado que su autoestima se va afectando. Algunos no son agredidos física o verbalmente, sin embargo, participan de forma pasiva en algún tipo de violencia doméstica por parte de los adultos. Los niños y adolescentes se ven obligados a escuchar las discusiones y peleas entre ellos y hasta a presenciar violencia física entre los adultos. Sin generalizar, en algunos hogares les involucran en sus conflictos y pleitos y convierten a los menores en participes presenciales de los problemas entre las parejas, Esas escenas de violencia y agresiones físicas o verbales, lo mejor sería que no existieran; en el caso de que no poderse evitar, deberían ser entre las personas adultas, sin que los niños tuvieran que estar presentes en esas desagradables situaciones.

Un niño o jovencito que ha tenido que pasar por la angustia de mirar como su madre es agredida verbal y físicamente por su pareja y/o esposo, que en ocasiones resulta ser su padre, sufre porque les dicen tantas cosas incómodas de escuchar. Igualmente se cuenta como violencia hacia el o los menores, en este caso quienes resultan más afectados son los chicos y chicas. Aunque parezca algo fuera de contexto, o raro, eso no sólo les sucede a las mujeres, también muchos hombres son agredidos por algunas féminas, aunque quizás en menor grado; en ambos casos los niños y adolescentes se convierten en una especie de recipiente que recibe todo el peso de los conflictos de los adultos

Esta problemática, a los niños y adolescentes les produce desesperación, angustia, dolor, ansiedad, resentimiento e impotencia, un enorme sufrimiento que necesitan canalizar por cualquier medio; situación que además de lo anterior les va afectando su comportamiento, les produce estrés, desmayo y en el peor de los casos se vuelven agresores de sus compañeros de escuela o de sus propios hermanos o desplazan su enojo hacia cualquier animalito que encuentren en su camino. Si no reciben ayuda a temprana edad, se volverá un círculo vicioso, una cadena de violencia que seguirá traspasando de una generación a otra, continuará por largo tiempo, sólo cambiará de lugar.

Quienes se pelean enfrente de los menores no logran percibir el sufrimiento interno que van dejando en ellos.

Se pelean sin tomar en cuenta que están dañando lentamente a los hijos. No perciben que están violando los derechos de sus hijos de vivir en un hogar en paz y armonía, libre de violencia.

Todos deben vivir y crecer en un ambiente de seguridad y tranquilidad, como corresponde a todos los niños y adolescentes del mundo. Ellos no tienen por qué ser partícipes ni espectadores de ningún tipo de violencia, estas situaciones no son favorables para su desarrollo físico y emocional, pero quienes deben tomar el control de esta situación son los adultos.

Queremos hombre y mujeres de bien y que crezcan sanos física y mentalmente. Es necesario que se les proporcionen ambientes seguros, donde no exista violencia de ninguna índole en su presencia. Es necesario crearles ambientes saludables, que incentiven la comunicación efectiva, donde puedan expresarse y a la vez se sientan confortables.

Es importante buscar un poco de tiempo para hablar con los niños y jóvenes acerca de cómo les fue en la escuela o algún otro lugar a donde hayan ido, hablar con los hijos debe ser una regla establecida en los hogares. Escucharlos con atención. En muchas ocasiones ellos quieren hablar con los mayores, pero casi nunca pueden; dedicarle tiempo a los jóvenes y a los niños les podría librar de futuras situaciones que a veces se salen de control. La adolescencia es una etapa muy difícil, tanto para los jovencitos como para la persona adulta, pero si se toman algunas medidas en el seno familiar durante la niñez, tal vez la adolescencia seria menos catastrófica, traumática, y caótica, tanto para unos como para otros.

Cuando los niños van entrando a la edad de los doce años, empiezan a no querer compartir con los adultos, a menos que se haya creado una muy buena empatía y lazos de confianza; sobre todo los jovencitos van buscando la compañía de los amigos y compañeros. Para algunos papás, es algo que no alcanzan a comprender, muchos manejan la problemática con cautela, pero otros se vuelven violentos y agresivos con sus hijos, empeorando la situación.

Los jovencitos están pasando por una etapa de transición, ellos mismo están afrontando una verdadera contradicción; su vida es una turbulencia, tienen miles de preguntas sin ninguna respuesta. Su cuerpo ha ido cambiando, sus hormonas se han disparado, se sienten como un volcán, pero de esos que no apagan, aunque les dejemos caer un rio de agua. Para los adolescentes es complicado, es en esta etapa que vienen los complejos, a algunos no les gustan sus manos, o son muy grandes o muy pequeñas; para otros sus pies no son perfectos, la nariz en esta etapa se les abulta un poco, dicen que es muy grande, ya no la quieren así, la prefieren mucho más fina. A otros no les gusta su cuerpo y su cara jamás es perfecta, peor aún si les salen las llamadas espinillas o acné. Para todos en general, varones y jovencitas, la adolescencia está llena de una series de problemáticas que para ellos y para sus padres, les resulta muy difícil de controlar, por la sencilla razón de que es parte del proceso de desarrollo de todos los seres humanos, es un puente que todos tenemos que cruzar para llegar a ser adulto, necesariamente se debe pasar por la turbulencia de la adolescencia.

La situación es que algunos mayores ya olvidaron que pasaron por ese terrible puente, que por demás le resultó a unos más que otros, muy inestable y tambaleante. Si pensaran tan sólo un poco y se remontaran a aquella época cuando eran adolescentes, podrían entender y poder convivir con sus hijos de forma pacífica y llevadera. Ponerles atención a sus hijos no sólo les evitará malos ratos y tormentosos momentos, sino que, a sus niños, niñas y adolescentes, se les haría más fácil afrontar y poder lidiar con las dificultades propias de esta edad.

Cuando a tiempo y atención se refiere, no tiene que ser cantidad. Es comprensible que la mayoría de las personas deben trabajar para poder suplir las necesidades cotidianas del diario vivir, pero eso no les exonera de brindarle atención de calidad a sus hijos; ellos no necesitan cantidad, pero si calidad. Unos pocos minutos de atención de calidad dedicados para hablar con ellos y preguntarles que hicieron, como estuvo su día, revisar sus tareas escolares, ayudarles a realizarlas en caso de que no la hayan hecho. Explicarles no es hacérselas, en vez de restarles les agregara tranquilidad a sus vidas y tendrán menos dolores de cabeza.

Los jovencitos y niños no sólo necesitan que se les brinde una alimentación adecuada y que se les lleve al doctor para mantenerlos con buena salud física y mental, es muy importante ponerle suma atención a su higiene. Algunos cuando se deprimen no toman cuidado de la misma. Sus ropas deben estar limpias y pulcras, ya que hasta por no tener sus ropas limpias, algunos son víctimas de Bullying.

Son los adultos los que deben tomar el control para que ellos se mantengan en óptimas condiciones, no sólo en la higiene, sino en todo su ambiente y todo aquello que a los niños se refiera para que tenga una buena calidad de vida y resulte del mejor provecho para ellos.

No se les puede pedir a los padres que le dediquen todos su tiempo a los hijos, porque existen muchas responsabilidades propia del diario vivir, miles de compromisos y obligaciones dentro y fuera de sus hogares, pero un mínimo de tiempo con calidad, hablarles, abrazarles, observarles, preguntarles, apoyarles y ayudarles con sus deberes escolares, ahora con los grandes avances de la tecnología, resulta más fácil. Aunque no tengan educación académica, eso no es excusa para no acompañarles durante el proceso de enseñanza y aprendizaje.

Existen millones de formas para estar al tanto y acompañarlos cuando hacen sus tareas y ejercicios, pueden sentarse a su lado, eso ya es una ayuda; pueden apoyarles, al menos preguntándoles cómo estuvo su día en la escuela, hay que darles seguimiento. Criar, formar y educar a los niños es el único trabajo que existe en el mundo a tiempo completo, horas extra, sin paga y a largo plazo, veinticuatro horas, siete días con sus noches, trescientos sesenta y cinco días al año, pero sin lugar a dudas, debe hacerse con dedicación, motivación y con amor.

Algunos niños no hablan y muchos menos cuando algo les está pasado, por el miedo y el temor a ser censurados, culpados o castigados por los adultos. Una buena comunicación con los hijos e hijas les evitaría sufrimientos inmediatos y por el resto de sus vidas. Los hijos siempre serán hijos y cuando se les pone la atención requerida, los maestros y autoridades escolares tendrán un trabajo menos complicado.

Todo esto ira en beneficio de los hijos y, por consiguiente, de los padres.

El Bullying escolar es un problema que no ha sido exclusivo de una época. No sabemos cuándo, dónde y cómo comenzó. Ha hecho presencia en todas las épocas del proceso escolar, tal vez antes provocaba menos sufrimiento y dolor. No es una novedad, afecta y ha venido afectando a millones de niños y adolescentes.

El Bullying escolar es la intimidación y hostigamiento constante que reciben algunos estudiantes en las escuelas, cuyas características van desde maltrato verbal, psicológico, gestos, y en diversas ocasiones físicos, por parte de compañeros de su misma aula y otras tantas veces fuera de ella, en ocasiones un estudiante dentro de su aula empieza a molestarles y a intimidar a unos u otros niños, peor aún vienen algunos más y se unen para causar sufrimiento a la víctima, el victimario puede ser del mismo plantel; o si no invitan a otros que ni siquiera pertenecen a la escuela, solo toman parte porque son amigos de algún niño agresor, los adolescentes, casi todos toman mucho en cuenta las opiniones de sus amigos, ellos tienden a ser leales cuando de grupos o amigos se trata, sean compañeros de la escuela o fuera de ella. Todo esto sucede porque ellos quieren demostrar frente al grupo que son fuerte y valientes, y por supuesto no quieren quedar en ridículo frente a los compañeros y amigos.

El otro problema es que son influenciados por algunos amigos a hacer algunas cosas, sin pensar en el daño que les pueden ocasionar a los demás, ni tampoco en las consecuencias que su conducta les traerá a ellos y a los adultos; algunos jamás se enteran de las cosas que hacen sus hijos hasta que la escuela les llama, o porque tienen que responder por el mal comportamiento del muchacho, toda acción trae una reacción.

Si agreden a otros serán sancionados de cualquier forma, pero un adolescente jamás se detiene a pensar en consecuencias, cuando se tienen estas edades, no hay cabeza, ni tiempo para perder, pensando en lo que pueda suceder después, además a muchos de ellos ni les importan las consecuencias, han alcanzado un grado tan alto de rebeldía, que lo que menos les interesa son las consecuencias; dependiendo como hayan sido educado, y otras veces han recibido una muy buena educación, pero la presión del grupo pesa mucho, a veces más que la opinión de los padres; no obstante, una buena comunicación con los niños desde la temprana edad podría mejorar las relaciones entre los padres y los hijos adolescentes, de tal manera que ellos acepten menos la presión del grupo.

En ocasiones los niños comienzan a ser agredidos, por otros compañeritos de su aula, y no se atreven a contarles a sus padres por miedo o por una pobre comunicación dentro del entorno familiar. La comunicación de calidad con los niños y adolescentes es de suma importancia, porque ellos confiarían más en sus padres que en los amigos; algunos padres les dejan la educación de sus hijos a todo el sistema escolar, la escuela, directores, maestros, orientadores y profesionales de la conducta, pero la educación familiar deberá recaer sobre los padres y tutores, la responsabilidad y labor de la escuela, es académica, un trabajo integral donde todas las partes están involucradas de diferentes formas. Cuando los padres y los maestros trabajen unidos en beneficios de los niños, niñas y adolescentes los padres tendrán mejores hijos y el trabajo de la escuela seria menos complicado, y difícil.

La educación y formación de los menores es un trabajo continuo, el futuro del país donde nos ha tocado vivir por nacimiento, circunstancias o porque lo hemos elegido para vivir, por cualquier razón, la educación de los niños y adolescentes debe ser prioridad.

Todos como sociedad tenemos el deber de ponernos de pie para condenar y decirle no a la violencia en todas sus formas, llámese Bullying, que es una violencia cuyo manto no se puede ver a simples vista, las heridas, aunque no sean visibles permanecen por largos años incrustadas dentro de su pensamiento, ocasionándoles daño y perjudicando su desarrollo mental y psicológico.

Es de suma importancia que se ponga atención sobre todo en los hogares a la educación y buena formación de niños y jóvenes. Algo que no se debe olvidar es que ellos serán los médicos, abogados, contadores, ingenieros, maestros, enfermeros, gobernantes, bomberos, lideres, policías, artistas, en general, ellos tendrán el mando en todos los renglones, los que hoy son adultos mañana serán ancianos, ya no podrán desempeñar los cargos y oficios que hoy ostentan por diversas razones.

Sin embargo, si se toman las medidas pertinentes para educar a los muchachos y muchachas en ambientes menos hostiles, evitando cualquier foco de violencia frente a ellos, se les estará dando la oportunidad de crecer libres, con una mente clara sin raíces de amargura y por supuesto sin prejuicio; brindándoles hogares de calidad, lleno de paz, sin tomar en cuenta quien es el tutor que les acompaña, sean sus padres por sangre o no; los niños y jóvenes no pertenecen solo a los padres, ellos son de la sociedad, todos los adultos tenemos el beber y la obligación de protegerles y trabajar para que ellos sean adultos sano y digno de tomar las riendas de su país y para que al crecer y desarrollarse estos sean capaces de formar hogares donde las agresiones y los maltratos queden fuera de su entorno, de los hogares, la escuela y de la sociedad misma. Es la forma más adecuada de ir formando verdaderos ciudadanos, los futuros hombres y mujeres de las generaciones de hoy y las venideras.

Hogares disfuncionales

Existen millones de hogares en todo el planeta, de diferentes culturas y de distintas formaciones, cada país tiene una cultura y una forma muy diferente a la de los demás de educar a sus hijos, algunas culturas toman muy en cuenta que niños y jóvenes sigan al pie de la letra las normas, los preceptos, costumbres ya establecidos, y todo lo relacionado con su cultura. Padres que sin importar su raza o nacionalidad, color, religión, nivel social u otra condición quieren que sus descendientes sean personas dignas y útiles a la sociedad a la que pertenecen.

En casi todas las familias alrededor del mundo trabajan a favor del bienestar de sus hijos, no solo les ofrecen una alimentación balanceada, techo, ropa, medicina, recreación, afecto, buena higiene personal, cuidados, un hogar pulcro y suficientemente limpio, una buena y esmerada educación familiar, de acuerdo con su formación y cultura, todo lo que han aprendido de sus antepasados. Muchos se preocupan para que sus hijos adquieran una educación de calidad en las diferentes escuelas que existen en sus lugares o fuera de donde viven. Son padres que se dedican a formar buenos ciudadanos, independientemente de que ellos tengan formación académica, o buena posición económica, el caso es que ellos tienen interés que sus descendientes tengan mejor calidad de vida y que sean buenos ciudadanos en el futuro. Personas comprometidas con ellos mismos, con sus hijos y con la sociedad, que no escatiman recursos ni tiempo algunos con tal de que sus descendientes sean personas calificadas para vivir en un mundo cambiante, globalizado y competitivo, donde la ciencia y los avances tecnológicos juegan un papel de gran importancia, pero que ellos no dejan en manos de terceros, ni de la tecnología la educación de sus hijos.

Padres comprometidos, aunque tienen que trabajar porque el diario vivir lo requiere, y deben ejercer sus profesiones, u oficios, no descuidan su responsabilidad como padres, tener hijos es un gran compromiso. Muchos saben que tener hijos es muy importante, saber que usted seguirá vigente a través de sus descendientes, cuando ya no esté en este mundo y con la certeza de ofrecerles individuos con carácter y buena moral a la sociedad. Sin embargo, las excepciones existen, algunos niños y adolescentes no reciben el trato que requieren, les ha tocado vivir en ambientes totalmente desfavorables, hogares disfuncionales, donde no reciben, ni lo básico para poder desarrollarse como individuos sanos e incorporarse a la sociedad de manera correcta.

Cuando los niños y adolescentes viven en hogares estresantes, causado por discusiones y peleas de los adultos, pueden entrar en pánico, depresión, ansiedad, estrés y una serie de problemática que se manifiestan por medio de la timidez, recogimiento, estos podrían convertirse en las victimas de los otros niños y adolescentes que manejan estos conflictos transformándose en agresores de sus compañeros de aula o de escuela.

Si los adultos que se pelean en frente de sus hijos arreglaran sus diferencias sin que ellos estuvieran involucrados en peleas y discusiones, terminarían menos perjudicados. Lo más correcto sería, esperar que sus hijos se hayan dormido para arreglar sus dificultades sin que los menores estén obligados a participar en sus discusiones y peleas, o más bien buscar momentos o lugares donde no estén los menores presentes; los hogares conflictivos son desencadenantes que llevan a los niños a volverse tímidos, retraídos, rebeldes o agresores, y una serie de problemas que al final complica la vida de los menores y también de los adultos.

No obstante hogares llenos de paz, donde ellos se sientan apoyados y seguros podría disminuir la violencia entre los jóvenes.

Un hogar donde reina la confianza, la comprensión, responsabilidad, respeto, alguien podría decir que los niños no deben asumir responsabilidades de los adultos como trabajar y cumplir con los deberes de los mayores no, pero ellos que son más pequeños y asisten a las escuelas pueden ir tomando la responsabilidades de hacer los deberes de la escuela, y quienes deben contribuir para que esto suceda son los padres o tutores en casa, aunque sus padres no conozcan el idioma en caso que vivan en un país extranjero, o no tuvieron la oportunidad de estudiar, pueden ayudar acompañándoles mostrándoles su afecto y su atención, preguntándoles cómo les fue en la escuelas, sentándose a su lado, al menos unos pocos minutos para que su hijos o protegidos, sientan que se les está prestando atención.

Cuando los padres dedican, aunque sea un mínimo de su tiempo para acompañar a los hijos cuando son pequeños en sus deberes escolares, ellos se sienten más seguros y con más entusiasmo de asistir a las escuelas; hasta para los maestros el trabajo resultaría menos complicado si los padres y tutores se involucran en las tareas de sus hijos, para un maestro es muy doloroso cuando los niños acuden a las escuelas y entran al aula sin haber realizado sus deberes, ya se sabe que algo no anda bien en casita, puede ser que un día el niño lleve los ejercicios sin realizar por cualquier circunstancia.

El problema es cuando se va tornando una costumbre, es un indicador de que alguna cosa esta pasando dentro de ese hogar o en la cabecita de los niños, la realidad es que algo que no sabemos no está funcionando como debe ser. Motivar a los niños a realizar los trabajos escolares es una responsabilidad de los adultos que viven con ellos, sean sus padres o no, pero cuando la disciplina en los hogares se vuelve muy estricta, drástica psicorrígida y poco saludable, puede contribuir a que la personalidad de los niños se vaya deteriorando; podrían volverse sumisos o muy rebeldes, no solo con los padres y maestro, sino con todos aquellos que represente un mínimo grado de autoridad algunos se irán descuidando de hacer los deberes, en el caso de los adolescentes es muy probable que se dejen conquistar por otros jovencitos rebeldes y cuando los padres vienen a darse cuenta la situación se les ha ido de las manos.

Los adultos deben mantenerse observando a sus hijos, sobre todo cuando van entrando en la adolescencia, es ahí donde empieza su etapa de rebeldía, algunos se van descuidando en su higiene personal, ya no quieren tomar el baño como es correcto otros se descuidan de comer o comen fuera de lo normal, se ponen respondones, no quieren acatar las normas y reglas impuesta en la casa, en algunos caso las normas, reglas y disciplina traspasan los límites, hasta para un adulto se haría bastante difícil, existen hogares donde los niños y adolescentes se sienten como aves enjauladas, esperando el mínimo segundo, una mínima brecha o espacio para salir de ella, pero un hogar así, no es apropiado para que los niños y jóvenes crezcan y puedan desarrollarse de forma saludable, correcta y adecuada, física y mentalmente.

Existen otros hogares que lejos de rigidez son tan flexibles que no hay ningún tipo de corrección, ni normas, los menores pueden hacer lo que quieran como quieran y a su manera sin que nadie les corrija, tanta flexibilidad al final termina siendo otro desencadenante de conductas inadecuadas.

En la familia que ofrece un ambiente de respeto, con reglas establecidas, libres de violencia, los niños van aprendiendo a respetar a las personas, las normas y reglas de la sociedad; sobre todo si no sólo se predica. Ellos necesitan que los adultos sean modelos para seguir, el problema radica en que cada familia y cada caso son diferentes.

Hay hogares en los que las normas son tan rígidas que ni siquiera los grandes quieren someterse a ellas, padres muy estrictos al final de una u otra manera los niños podrían arrastrar ciertos inconvenientes.

A los niños y jóvenes se les debe ofrecer un lugar de paz, seguridad, amor, lleno de armonía, afectos, cierto grado de flexibilidad, donde puedan expresar sus sentimientos, y que a la vez se les escuche y se les preste atención cuando ellos hablen, algunos que son víctimas de Bullying no se atreven a decirles a nadie en la casa que están siendo molestados por otros niños dentro o fuera de las escuelas, cuando los padres vienen a enterarse ya la situación se ha salido de control, se ha tornado poco manejable. Otros no hablan porque son amenazados por los niños o adolescente.

Los padres que piensan en el bienestar de sus hijos, les observan, aunque carezcan de tiempo. Padres sanguíneos o no, que están interesados en que sus hijos sean buenos ciudadanos en el futuro, pero para eso hay que trabajar desde la primera infancia y de manera continua, sin violencia, ni represaría en contra de los menores.

Si un niño cualquiera que sea, sin importar a que país o sociedad pertenece, crece en un hogar cargado de hostilidad, donde sus derechos de ser niños son violentados, en caso de que estén siendo agredido de una u otra manera, después será un hombre o una mujer llena de resentimientos, dolor, amargura, cuya rebeldía no terminara, aunque obtuviera todos los honores y laureles que el mundo pudiera ofrecerle.

Para que tengamos adultos menos hostiles, nos corresponde hacer una titánica labor, tendremos que comenzar en los hogares a realizar un arduo trabajo en pro de formar mejores hombres y mujeres, libres de hostilidad, se obtendrán mayores beneficios tratándoles con amor que causándoles ofensas verbales o golpeándoles.

Cuando se es niño, nadie sabe, ni sus padres se imaginan quien será ese niño o niña al crecer con la excepción, en algunos casos que los padres y maestros se dan cuenta a temprana edad de sus talentos, no solo les ayudan a descubrirlos, sino que les apoyan en todo momento para que ese potencial no se quede ahí como perla dentro de la concha en el fondo del mar, sin que nadie tenga la oportunidad de disfrutar de su belleza. Muchos niños no son tan agraciados de contar con padres con la capacidad de poder ver las aptitudes de sus hijos; o quizás, aunque logren observar el potencial las circunstancias de la vida misma no les permite ayudarles a que se desarrollen desde la niñez. Solo Dios puede mirar quien será esa niña o ese niño en el futuro, a los demás les toca esperar que él o ella llegue a la etapa adulta, por tal razón no se debe subestimar a ningún niño, nadie sabe quién será en el futuro cuando crezca.

"Nunca maltrate a un niño inocente,
porque cuando crezca podría ser tu presidente."

Cada padre dependiendo del trabajo que esté dispuesto a hacer por su hijo puede más o menos determinar quién será su criatura en el mañana, algunas veces se presentan situaciones incomodas que resultan muy difícil de resolver, aun colocando todo el empeño y las bases para un buen desarrollo, tampoco es seguro porque muchas veces padres que han tenido un gran esmero, dedicación y un eficaz trabajo para que sus hijos e hijas sean personas de bien y útil a la sociedad, los jóvenes cuando crecen trazan sus propios destinos obviando todas las enseñanzas que les inculcaron sus dedicados progenitores o padres adoptivos.

Alguna veces es una especie de lotería, pero independientemente de quien sea la persona que haya decidido tener un niño, sean adultos o adolescentes, son muchos adolescentes que se inician a tener hijos a temprana edad, hay que tomarlo con responsabilidad, dedicación y amor, sabiendo que no es un juego de niños se trata de una vida, un ser humano que no solo necesita que lo traigan al mundo, y le den de comer, una series de requisitos y reglas aplican a la hora de involucrarse en el rol de ser padre o madre.

De cualquier manera, los hogares menos permisibles, hostiles, psicorrígidos y violentos poseen una mayor probabilidad de que sus hijos sigan con este patrón de conducta hasta que son hombres y mujeres, es preciso incentivar a los menores a resolver los conflictos y dificultades a través de un dialogo sano libre de violencia

Enseñar reglas de convivencias adecuadas, favorables libres de hostilidad es lo más recomendable, y conveniente, si se quiere un mejor futuro y una sociedad donde reine la paz, que nuestros niños, niñas y adolescentes, sean capaces de canalizar sus problemas a través del dialogo, pero que no vaya salpicado de ningún tipo de violencia verbal, ni física, fuera de toda intimidación psicológica.

El deber de la familia y toda la sociedad es formar niños, niñas y adolescentes con unas mentes pensantes, critica, que tengan la libertad de expresarse, sin temor a ser censurados. Para que puedan cumplir con sus deberes y al mismo tiempo conozcan y sean capaces de reclamar sus derechos sin tener que recurrir a la violencia. El dialogo diplomático y pasivo, siempre será el arma más potente a la hora de buscarle solución a un conflicto, o cualquier situación por incomoda que sea.

Una bomba de tiempo

Cuando una persona escucha hablar de bomba, es muy probable que le invada el temor y el pánico porque, aunque se mantenga segura y bien resguardada, en cualquier lugar, espacio, en el momento menos esperado podría explotar si no se toman las medidas adecuadas.

El Bullying es una especie de bomba de tiempo, que podría acabar no solo con la personalidad de las víctimas, hasta con su vida, también tiene efectos negativos para el victimario, igualmente, sus padres se verán involucrados en una situación que deberán asumir.

Sin perder de vista que los niños y jóvenes que hacen Bullying a otros, ellos mismo algunas veces han tenido que sufrir algún tipo de maltrato, violencia y /o agresión.

En todo caso, cuando no reciben la atención y el cuidado que necesitan, podrían volverse violentos haciendo desplazamiento tratando de llevar esa agresión a otro terreno, sean sus hermanos o compañeros de aula, o de escuela.

Podría ser que algunos no reciban de forma activa las agresiones y violencias, por partes de los adultos con los que viven de alguna manera participan pasivamente, cuando hay discusiones y /o peleas entre los adultos que están dentro de la casa. Otras veces no pasa nada de lo anterior, sin embargo, se percibe una especie de frialdad dentro del hogar, unos distanciamientos entre los adultos, la tensión se apodera de ese entorno, que provoca el mismo efecto para los menores.

El Bullying no empieza de la noche a la mañana, es todo un proceso que se va extendiendo poco a poco, sin que los adultos se den cuenta a menos que los niños tengan la confianza de hablar con ellos y contarles lo que está pasando.

Lo que tal vez podrían darse cuenta con más facilidad son los profesores y maestros, pero ellos solos no pueden hacer mucho, este problema del Bullying es complejo y muy difícil, donde todas las partes padres, educando y educadores deberán estar involucrados.

Crear estrategias sólidas, y duraderas para poder prevenir, controlar, detener, si es posible eliminar una problemática que al final nos afecta a todos, aunque los niños y adolescentes no sean los nuestros, o la sociedad en la que vivimos, hoy en día, con los grandes avances de la tecnología y de las redes sociales, todos tenemos la oportunidad de enterarnos de todo lo que está aconteciendo alrededor del mundo, sin importar en que rincón del planeta se encuentren las personas.

Los seres humanos somos sensibles por naturaleza, sobre todo cuando de los niños y adolescentes se trata. De la misma manera que nos alegramos cuando algunos de los niños o jóvenes realizan alguna hazaña, una acción heroica digna de ser destacada. Así mismo, cuando alguna cosa les afecta causándoles tristeza o dolor, también nos entristecemos, aunque no sea de nuestra familia, o cultura, después de todo un niño es un niño, y a todos nos corresponde cuidarle y protegerlo, sin importar la raza, religión, color o nación a la que pertenezca, ellos todos, son el futuro del mundo. Sin los niños y los jóvenes se extinguiría la raza humana.

El Bullying no es solo una bomba de tiempo que afecta a la víctima, trae graves consecuencias para el victimario, primero porque como se ha señalado antes, ellos podrían estar siendo víctimas de algún tipo de violencias; Y porque toda acción incorrecta requiere una sanción, donde los adultos tendrán que verse involucrados y afectados, si no se les pone la atención y supervisión, que necesitan y merecen. Es una cuota que de una otra forma los padres, y la sociedad tendrán que pagar.

Si sembramos una planta de la especie que sea, puede ser de frutos, ornamental, grande o pequeña, esa planta será tan saludable como quien la ha sembrado pretende que sea y el seguimiento que reciba; todo va a depender de qué tipo de frutos, calidad y cantidad quiere lograr al final y como en todo en la vida, ciertas reglas aplican. Si la quiere grande y fuerte, pero no le presta atención y cuidado, sus ramas irán a parar a casa, o a los terrenos del vecino; en cambio, si siembra una para adornar su jardín sin quitarle las malezas, las plantitas o hierba mala de su alrededor, llegará un momento en que éstas que usted no sembró, tomarán más fuerza. Es probable que su crecimiento sea mucho más rápido que la que se ha plantado y ella por regla natural termine arropada por las no deseadas, y la buena resulte, débil o dañada.

En suma, lo que se intenta señalar es que a los niños como a las plantas, no se les debe dejar crecer sin atención, supervisión, cuidado y amor. Si no mojas las plantitas, las limpias y les retiras las yerbitas que les impiden su buen crecimiento y desarrollo, a la postre crecerán torcidas, se secarán y/o terminarán perdiéndose en medio de las que no son buenas.

Los niños y jóvenes victimas de Bullying, van siendo intimidados a veces desde muy temprano, en la escuela, desde que empiezan sus primeros años escolares y se va extendiendo paulatinamente en todo el proceso de sus vidas académica, muchas veces les comunican el problema a los padres, pero las ocupaciones del diario vivir no les deja el tiempo necesario para ir al centro educativo para hablar con el maestro y los directivos acerca del problema en cuestión, la otra problemática existente es que, aunque hablen con el maestro no es una situación que ellos como maestros solos puedan resolver, porque los jóvenes tienen sus parientes quienes deben involucrarse en el proceso educativo de sus hijos. La presencia del padre siempre será necesaria e importante, en otra instancia hay más niños involucrados y otros padres, que necesariamente deberán ser llamados. La probabilidad que algún padre quiera tratar de agredir a los niños y jóvenes agresivos podría ser alta, un error gravísimo eso jamás debe ser una opción, ni debe permitirse, nunca es, ni será una buena manera de resolver un conflicto, menos entre niños o adolescentes. Los padres no deben tomar la violencia en sus manos contra otros niños o adolescentes para defender a los suyos, porque en ese caso, en vez de resolver el problema tomara otros rumbos muchos más complicados.

Los problemas de los niños y adolescentes, cuando es Bullying escolar deben involucrarse tanto los padres de ambos como el sistema educativo, para buscar la solución más adecuada en beneficio de los menores tanto de la víctima como del victimario.

Cuando un niño empieza con la negativa de ir a la escuela, hay que ponerse alerta porque a no ser por otra situación ajena a la escuela, podría ser que está siendo molestado por otros compañeros, los niños que son víctima de Bullying, además de no querer asistir a la escuela van bajando sus calificaciones poco a poco y eso es un indicador para que los padres y los maestros puedan darse cuenta que algo no está andando bien, si dentro del hogar no existe ninguna problemática que le pudiera estar afectando a los niños, habría que investigar en la escuela para tener una idea de lo que a él o ella les está pasando. En caso contrario es a la escuela que le corresponde investigar si la conducta que está presentando el niño está causada por alguna problemática de la casa.

Hay niños que son poco entusiastas a la hora de ir la escuela, pero con una muy buena motivación de parte de los padres y tutores, o quien quiera que sea la persona a su cargo, podrían cambiar de conducta; igualmente muchos maestros que son bastante motivadores que hacen del aula un lugar placentero para los niños donde ellos se sienten a gusto.

Una buena empatía entre los estudiantes y los maestros podría contribuir a que se mantengan motivados, entusiasmados y con deseo de ir a su escuela cuando se trata de los niños es muy importantes buscar estrategias dentro del aula para que ellos puedan llenar todas las expectativas del proceso de enseñanza aprendizaje y no se sientan desmotivados y aburridos.

No es que se haga del aula un parque de diversión, pero que los niños puedan sentirse relajados, a gusto y cumplir con sus deberes escolares dentro y fuera del aula, un niño que está entusiasmado en la escuela será un niño que al llegar a su casa cumplirá con todos los deberes y tareas asignadas por el o los maestros.

Cuando los niños y jóvenes no están a gusto por una razón u otra, lo más probable es que no se sientan motivados a la hora de hacer los deberes dejados por el maestro cuando algunos padres que les dejan todo el trabajo y las responsabilidades de sus hijos a las escuelas y a los maestros, avancen un paso adelante dando un giro en su forma de pensar, creyendo que los profesores tienen una varita mágica la cual debe funcionar para que los niños, además de aprender mantengan un comportamiento excelente, dentro del aula y del plantel escolar, un buen razonamiento, en favor de trabajar unidos, en conjunto, que se mantenga una comunicación constante, con maestros y profesores de sus hijos, para saber cómo ellos están respondiendo académicamente y cómo se comportan en la escuela.

He conocido algunos padres que registran a sus niños en las escuelas, y después de ahí Jamás vuelven a preguntar cómo está respondiendo el estudiante, sea niño o un adolescente, es un deber y un derecho de los padres mantenerse al tanto del proceso de aprendizaje, otros padres no asisten a las reuniones que realizan las escuelas, esa es una buena oportunidad para enterarse sobre el progreso académico y la conducta de sus hijos. Los padres que mantienen un contacto y buenas relaciones con los educadores de sus hijos obtienen un mayor resultado tanto en las calificaciones, como en la forma de comportarse, es un trabajo en conjunto. Esos mismos padres, son los que ponen atención a los deberes de los hijos ayudándoles y apoyándoles, aunque sea con su presencia a la hora de realizar las áreas.

Tanto la comunidad escolar como los padres pueden poner la cuota que les corresponde a cada cual, para que esa bomba de tiempo que es el Bullying no llegue a ningún hogar, ni a las escuelas y en caso de que llegue no debe esperarse, hasta que se expanda y termine destruyendo alguna vida, antes deben ponerse los correctivos que amerita en cada caso, porque cada uno es diferente al igual que las circunstancias que les dieron origen.

Existen muchas probabilidades de que este problema del Bullying se resuelva, para que algo así suceda, la sociedad debe estar unida, para trabajar en contra del Bullying, nunca, jamás en contra del victimario, un niño o adolescente que hace Bullying necesita ayuda, tanto de sus parientes como de la escuela. Con la certeza y la seguridad que la verdadera educación, no surge en la escuela tiene sus raíces en el hogar. Cuando los padres y maestros trabajen unidos, los primeros tendrán un mejor futuro para sus hijos.

El Bullying en el hogar.

Todo el tiempo se ha hablado del Bullying escolar, psicológico, del cíber bullying, pero nunca se ha pensado en el Bullying silencioso, enmascarado, destructor y dañino del cual son víctimas algunos niños dentro de su propio hogar. Sin dejar de enfocarse que en la mayoría de los casos quienes los hacen son los progenitores, y familiares más cercanos, esto no es nada premeditado, y muchos menos con el propósito de lastimar o herir a los niños y adolescentes, es un Bullying que tal vez no tenga una intención premeditada, no es como el Bullying escolar que tiene la intención de agredir a la víctima. Este Bullying, aunque no sea intencional y premeditado, es un arma de doble filo y sobre todo peligrosa, que puede ir acabando lentamente, destruyendo, y minimizando la personalidad de los niños hasta bajar su estima, dejándolos vulnerable para cualquier posterior situación incómoda que se presente, independientemente que sea o no intencional. Sus sentimientos están siendo heridos, lastimados, al final todo eso se convierte en resentimientos en contra del o los adultos.

En algunas ocasiones un progenitor enojado contra el otro usa a los niños como dardo en contra del otro adulto, quien hace eso no está pensando en el daño que les está haciendo a su hijo o hija, cuando se agrede a un adulto a través de los niños o adolescentes, se está destruyendo la estima, carácter y la personalidad de los niños y jóvenes. Ellos no están suficientemente maduros para recibir esos ataques, los niños se convierten en recipientes donde algunos individuos depositan todo el rencor e ira que tienen contra el otro adulto.

A los niños les lastima cuando dicen algo en contra de uno de sus padres, aun cuando no sea perfecto, todos los niños del mundo merecen tener padres y madres comprometidos, protectores, amables, afectuosos y buenos, los niños no eligen a los padres.

Algunos niños reciben el Bullying dentro de su propio hogar, que, aunque no tenga la intención de agredir, deja huellas imborrables en los muchachos, pero el adulto no se detiene a pensar en las heridas que deja y menos que está destruyendo la vida del menor. "Es que lo hacen inconscientemente," -alguien diría, -pero si es inconsciente, ¿no es problema? Puede ser que no esté la intención de dañar, aun así, todo Bullying ira en detrimento de los chicos y como gota de agua que cae sobre una piedra, le va destruyendo su personalidad lentamente, desmoronando su carácter; las agresiones psicológicas resultan graves y perjudiciales para los niños, cuando son adolescentes el daño es más profundo, porque ellos están en la etapa más vulnerable del desarrollo humano, están tratando de ubicarse en algún lugar, ya que se miran al espejo, no son niños, ni adultos. Ese estado de turbulencia, vulnerabilidad, e inconstancia, no les ofrece seguridad, si no la encuentran dentro de su casa, en el seno de su familia, irán en busca de ella, afuera con los amigos.

Cuando los jóvenes no encuentran apoyo en su hogar, lo buscarán por otro lado, al final los padres terminan siendo perjudicados porque igual, con una buena conducta o no, seguirán siendo sus hijos, eso no es algo que se pueda cambiar, aunque las personas den a su niño en adopción, nada va a cambiar ese proceso biológico, no podrá impedir que lleve su sangre y siga siendo su hijo. El bullying en el hogar: es el más destructor de todos, pero jamás se le ha puesto atención, nadie lo reconoce como tal, ese Bullying disfrazado ha estado presente en algunos hogares de la sociedad, sin que se le preste atención, o se mire como un problema que se extiende, llevando sus ramas a otros lugares, en especial a la escuela, además de ir dañando al individuo desde temprano, le provoca aflicción, pena, pesar sufrimiento, a veces los niños andan afligidos, apesadumbrados, tristes y los adultos que viven con ellos no se imaginan que les pasa, pero las palabras hirientes terminan consumiendo a los menores, unos se vuelven muy sumisos, pero otros, violentos, agresivos, (agresiones que pueden, salirse de casa e ir a parar a la escuela, en contra de otros niños) si la situación estaba complicada en su entorno familiar, cuando trasciende a la escuela o a al aula, se torna aun peor. En ciertos hogares empiezan poniéndoles sobre nombre al menor, una vez escuche a una madre decirle al bebe recién nacido: ¿ Que tu quiere ojos de sapo? él estaba llorando mucho, algo le pasaba, cuando los bebes lloran están transmitiendo un mensaje que quizás la madre en ese momento no logre entender, le dijo así, porque él tenía sus ojos bastantes grandes, a otra madre, recién parida que fui a visitar al hospital, había dado a luz a un varón, me dijo, es feo, tiene la boca como una puerta, él tenía grande su boquita, le dije ningún bebe es feo, y cada cual trae su propia boca. Estos eran unos bebes recién nacidos que aún no entendían nada de las situaciones que estaban ocurriendo a su alrededor, solo imaginemos que la conducta inadecuada de estas dos madres continuará hasta que los niños fueran creciendo

Muchas veces les dicen a los niños cantidades de cosas horribles, desde palabras descompuestas hasta sobre nombre, en vez de llamarles por su nombre propio, les dicen cosas inimaginables, si es delgado les hacen Bullying por ser delgado, si es alto, o de baja estatura igual les hacen Bullying, por su color de piel, hacen Bullying por la nariz, las manos, y con todos las partes del cuerpo de los niños; todo eso ocurre nada más, ni nada menos que dentro de algunos hogares. Cuando ocurre esto es el momento preciso, la hora exacta, de parar dicha situación, esa acción que tienen algunos parientes de hacerles bullying a los niños desde temprana edad, no es un problema de escuela, esa violencia verbal y psicológica no tiene raíces en ninguna escuela, su origen está en otros lugares, muy lejos de ella, llega ahí porque los niños necesariamente deben asistir a un centro educativo, pero no son todos los niños víctimas, ni victimarios, esto nos asegura que no todo está perdido, la mayoría de los menores que asisten a la escuela mantienen un óptimo comportamiento, es solo una pequeña minoría que se convierte en víctima y en victimario. Esto nos rebela que existen motivos y causas para que algunos niños y adolescentes les hagan bullying a otros, nuestro trabajo debe ser buscarlas, tratarlas, aplicar el tratamiento necesario para eliminarlas. Debe tener alguna solución, aquellos que reciben apoyo, seguridad, afecto, protección y cuidados, son menos propensos a molestar a otros en la escuela.

Tenemos que crear conciencia en las familias, que ofrezcan hogares libres de violencia y la sociedad misma debe poner la parte que le corresponde, que jamás ningún niño, niña, o adolescente reciba ninguna agresión de tal magnitud, porque quienes los hacen no perciben que están desmoronando su mundo, el futuro de los niños y de la sociedad se está afectando a causa de bullying en su propia casa. Los menores que reciben Bullying en su hogar casi siempre andan deprimidos, atribulados, desalentados, desilusionados, apáticos, carecen de optimismo, son niños pesimistas, todos lo ven negativo, su mundo se torna oscuro, no solo el Bullying que es violencia que sabe ocultarse muy bien detrás de cualquier manto, ellos a veces están expuestos a todo tipo de violencia aun cuando no se reconozca que los niños reciben Bullying en su medio ambiente, su entorno familiar, se les está causando un sufrimiento que le provoca un cambio de conducta. Para que se pueda prevenir, detener el Bullying en la escuela, el primer y más importante paso, es que en los hogares se pare el Bullying hacia los menores, consciente o inconsciente, igualmente es dañino para ellos. No es que en todos los hogares hacen Bullying a los niños, ¡Oh no!, pero existen familias que los hacen y van deteriorando su personalidad, ocasionándoles baja estima, y una serie de problemas emocionales, que quizás no consigan curar.

Un familiar que agrede al niño, probablemente no se detenga a pensar ni por un segundo, el mal que está causándole, ni tampoco el largo alcance que tendrá su comportamiento, pero el niño que se siente agredido ya no será tan alegre y feliz como debería ser todo niño, es importante dejar que gocen de su niñez, de los juegos y diversión propio de esa edad. Los niños agredidos emocionalmente, empiezan a sentirse que no son tan bonito, bonita, cuando se les ponen defecto, más en el caso de las niñas que se miran al espejo, si les dicen que sus ojos son hermosos, eso creerá, pero si se les dice que sus manos son muy grandes imagine como se sentirá él o ella, tal vez, no querrás asistir a la escuela con el mismo entusiasmo que antes lo hacía, aun cuando no sean tan grandes sus manitas, las mirará gigantes, las cosas que se les dicen a ellos tienen un gran impacto en su pensamiento, en su mente y en su diario vivir, sobre todo en su futuro, lo que sea que se les diga, recuerde que su niño será mañana lo que se le diga hoy; desde que son pequeños se les comienza a formar, es una especie de cimiento como cuando los constructores van hacer un gran edificio, el tamaño, fortaleza y su duración dependerá de que tan grande y fuerte es el cimiento, no se puede construir nada, donde no existe una buena base, al final se deteriorará bastaría una débil brisa, eso pasaría con el niño víctima de Bullying, sin importar el lugar donde el o los niños estén siendo agredidos, a la postre, su estima se irá debilitando de una u otra forma, en ocasiones no quieren asistir a la escuela, o terminan con una conducta no adecuada, y/o en última instancia ellos se podrían convertir en agresores de otros niños u adolescente. Se debe tener sumo cuidado con lo que siembra en la mente de los niños, sembremos en ellos valores, positivismo, empújelos a soñar, a triunfar, pero son los adultos los modelos a seguir, es importante que se les construyan hogares lleno de armonía, paz , seguridad, amor, paciencia, para criar a los hijos se requiere, tolerancia, amor y dedicación, erradiquemos de los hogares, los maltratos físico y emocionales, el Bullying solo los perjudica, los arrastra a cometer errores y una series de factores desencadenantes que conducen a los muchachos a involucrarse en situaciones que al final no encuentran camino para salir, la persona que no actúa correctamente ofreciéndoles buen trato a los niños está debilitando su personalidad, los está llevando a un laberinto que al final tal vez no encuentren salida. Una vez que el Bullying se originó de forma inocente en el hogar, no se detendrá ira a parar a otros lugares, a la escuela en especial.

Es tiempo de detener el Bullying sin recabar en el lugar de su origen, y si se trata de su nido sagrado, muchos más, los hogares y las escuelas deben ser lugares donde los niños y adolescentes se sientan seguros y a gusto, respetados y protegidos; que los adultos les sirvan de modelo. Aunque muchas personas adultas no se detengan a pensar, los niños y niñas son pequeños jueces, que se dan cuenta de todos lo que hacen las personas que nacieron primeros que ellos, no solo observan las formas de comportamientos de los grandes, sino que sacan sus propias conclusiones y hacen ellos solos, sin que nadie les diga, su análisis de lo correcto y lo incorrecto.

Sabiendo que ellos serán los adultos del mañana, es mejor que los tratemos, bien como corresponde y a la vez seamos, modelos a seguir. Ahora los adultos son los constructores, edificadores, y líderes de la sociedad, formemos buenos constructores para que este edificio, llamado mundo donde todas y todos somos inquilinos, tenga cada vez más, hombres y mujeres capaces, sano física y emocionalmente, recordando siempre que la verdadera educación no nace en la escuela, tiene sus raíces en el hogar.

No existe una mejor escuela para los niños como la que puede encontrar dentro de su ambiente familiar, la casa es y debe ser su escuela principal, una buena educación familiar es imprescindible para su buen comportamiento y desarrollo en la sociedad. Eso no significa que va a dejar a su niño o niña en la casa para educarlos, en la parte académica, sin ver la luz del sol y sin que puedan compartir con otros niños, ¡oh no!, ese no es el mensaje, todo lo contrario, el propósito es que haya más niños sanos, que no sean víctimas, ni victimarios de Bullying en ningún lugar del mundo. Los niños desde su temprana edad deben socializar, relacionarse con los demás de su entorno o escuelas, para que puedan crecer, aprender y desarrollarse, con normalidad. El objetivo es conseguir que los niños y adolescentes crezcan en un buen hogar donde no se les agreda, con ningún tipo de violencia, ni activa ni pasiva, que la sociedad misma proporcione plataforma segura, donde todos y todas puedan vivir en armonía y paz, que se detenga todo tipo de Bullying, en su contra y que esta práctica empiece en los hogares.

Es el primer paso y la mejor forma de prevenir y detener el Bullying en la escuela, todos ellos merecen que se les ayude a crecer saludables en todo el sentido de la palabra, que no se hieran sus sentimientos, que se les respeten sus derechos y se les enseñen sus deberes, pero con amor, aunque sean adolescentes no han terminado de desarrollarse, ni física, ni mentalmente, ellos necesitan el apoyo incondicional de los adultos, para continuar por el sendero de la vida.

"No se ha creado, ni jamás habrá un arma más poderosa que el amor"

Todos sin excepción debemos tomar conciencia de la necesidad de educar a nuestros niños, niñas y adolescentes sin maltratos, ni vejámenes, cualquier tipo de violencia dentro o fuera de su hogar, les causa sufrimiento, dolor y angustia, es cierto que ellos necesitan que se les discipline, pero más que disciplina requieren una buena orientación que se les guie por un buen camino; pero OJO, sin golpes ni palabras hirientes, ni descompuestas, ni humillantes, sin gestos que de una u otra manera manifiestan agresiones.

Algunas personas, sin pensar en el daño que les hacen a los niños, desde muy temprana edad les van diciendo tu no sirve para nada, van sembrando en la mente una información errada acerca de ellos, que a la postre ira deteriorando su carácter y su personalidad; ellos creerán eso que tanto les han dicho es cierto, ira creciendo en su mente, como una semilla de mala hierba hasta que ha acoplado todo su ser por fuera y por dentro, cuando llegan a la adolescencia se les hace muy difícil cambiar y si, en el proceso no encuentran a un profesional de la conducta, un psicólogo, o psicóloga, que les ayude con un buen tratamiento, modificando esa forma de pensar y le arranque todas esa palabras que le han sembrado en su pequeña cabecita, siempre va a creer esa palabra que escucho respecto a su persona, otra palabra muy usada por algunos adultos en contra de los niños es: eres tonto; ningún niño es tonto, aunque estén pequeños tienen una sabiduría e inteligencia, más desarrollada que algunos adultos.

Esa no es una forma adecuada de tratar a los menores, ellos merecen que se les hable sin maltratos, las palabras ofensivas deben detenerse. Ningún tipo de maltrato sirve para que los niños y adolescentes se vuelvan más obedientes, ni más tranquilos, todo lo contrario, agredirlos solo ira fomentando en ellos una especie de rebeldía interna, además de bajar su estima les ira deteriorando su personalidad o se vuelven retraídos y tímidos y/o por el contrario muy rebeldes, y rencorosos.

Los niños y niñas a quienes no se les trata con afectos y respeto irán creando en su mente y su interior una capa de rencor, acompañado de raíces de amargura que tarde o temprano perjudicara sus vidas y las de sus padres. Antes y aun hoy en día, existían y existen hogares que siguen corrigiendo a los niños y niñas con una serie de maltratos verbales y psicológicos y en algunos casos hasta con maltratos físicos, práctica que debe cambiar. Esa forma de disciplinar les crea ansiedad y estrés, depresión, los golpes emocionales jamás se curan, esas cicatrices no se pueden ver, pero son tan severas como las que dejan los golpes físicos y al mismo tiempo desencadena unas series de enfermedades psicológicas que podrían convertirse en patológicas físicas y mental.

Un niño triste, ansioso, temeroso, tímido o rebelde, será un niño que avanzará muy poco en la escuela, y en sus relaciones sociales, se volverá distraído, y/ o desinteresado, que no querrá asistir a la escuela, y si asiste, tendrá temor de retornar a su casa con miedo a ser maltratado. Los niños que no están a gusto en casa se vuelven vulnerables para otras situaciones mucho más peligrosas, son muchos los niños y adolescentes que abandonan no solo la escuelas, también se van de sus casas huyendo del maltrato que reciben donde se supone deberían ser protegidos, y bien tratados. Tal vez es una práctica que como ha pasado de generación en generación en algunas familias, los adultos jamás piensan que están causándoles daño a los niños.

Nunca es tarde para cambiar una práctica que lejos de arreglar a los niños les perjudicara por el resto de sus vidas, hay que cambiar los vejámenes y maltratos por afectos y buscar la forma correcta de formar a los futuros líderes y gobernantes de la sociedad. Es necesario recordar que no siempre serán niños, de igual manera crecerán y es mejor tratarlos bien. Si se pierde la cordura a la hora de corregirlos y disciplinarlos, si deja que le ciegue la furia, la ira, y/o termina hiriéndoles con palabras o físicamente, quien quiera que sea el adulto, de una u otra forma pagará algún tipo de cuota.

Maltrato no es sólo pegarles o agredirlos verbalmente, no llevarles al doctor, atenderles cuando se enferman, o no darles sus medicinas a tiempo, la alimentación no adecuada, dejar que otras personas los agredan o les violen sus derechos, descuido en la higiene personal, mantenerlos en un hogar poco higiénico, no tratarlos con respeto, negarles afecto y cariño, marginarlos, dejarlos abandonados o en manos de personas que no le brinden un buen cuidado que les puedan agredir u ocasionarles algún daño de cualquier índole, se convierte en maltrato. Una serie de conductas que para algunos adultos pasan desapercibidas, pero que en resumidas cuentas terminan dañando a los menores de una u otra forma. Hasta que no sean corregidas todas esas inconductas en los hogares, no se detendrá el Bullying escolar.

La agresión a los niños y adolescentes puede venir de cualquier forma y de diferentes personas ignorarlos y no prestarles atención es otra forma de maltrato que puede volverles rencorosos y rebeldes, inclinar la balanza hacia un lado, prestarle más atención a uno en presencia del otro niño, ya está afectando sus derechos, no es justo que se les compare con nadie, las comparaciones entre uno y otro no le conducen a ningún lugar, cada persona es única y diferente, ningún niño tiene que ser una copia fiel de otro, u otra persona, aunque sean sus hermanos o sus padres.

Si miramos los dedos de las manos y los observamos con detenimiento podríamos observar, que todos son diferentes. Las personas son únicas, los niños y los adolescentes son distintos, aunque sean hermanos o de una misma familia. Hoy es justamente el tiempo, el día y la hora de dejar de compararles con alguien, cada uno es único e irrepetible, las comparaciones también se convierten en agresiones.

Cuando se detengan las agresiones en contra de los niños niñas y adolescentes, en los hogares, estaremos colocando el primer peldaño en la inmensa escalera, que se necesita para detener el Bullying en las escuelas y todas sus vertientes.

Una educación basada en un dialogo sano, un hogar donde se respeten los derechos de ellos, y ellas, donde reine la paz, armonía, que los mayores discutan sus desavenencias en privados, que no hagan a sus hijos participes de sus dimes y diretes, no involucrar a los menores en sus disgustos, problemas, conflictos y discusiones será lo mejor para todos, que los menores tengan libertad de pensar y hablar, con sus padres expresarse sin ser censurados. Son muchos los hogares en todo el mundo que proporcionan ambientes llenos de libertad, amor, quietud y bienestar para sus hijos, aunque es cierto que en otros no sucede lo mismo.

Nada tiene que ver si quienes tienen esa gran responsabilidad de cuidar a los niños y adolescentes son padres sustitutos o quienes los han gestados, igual en resumidas cuentas son padres, y deben cubrir sus necesidades como es correcto, con amor y ternura, sin que haya que imponerles camisas de fuerzas. Los niños requieren hogares que les cubran sus necesidades, Al menos las básicas, como son alimentación, educación, salud, recreación, y afecto, y que les ayuden a crecer sanos mental y físicamente y donde ellos tengan la confianza de compartir con sus padres o familiares, todo aquello que les pueda estar pasando o simplemente contarles como estuvo el día en la escuela, o en el lugar a donde fueron, dará mejor resultados que si se les crea un ambiente hostil, donde ellos se vuelven desconfiados con las personas mayores.

Ningún niño o adolescente desconfiado puede ser feliz y menos mantener una vasta concentración en la escuela. Todos sin excepción debemos unir esfuerzos y todos lo que esté a nuestros alcances, unamos nuestras voces para que todos los niños vivan en hogares donde se les ofrezca un trato digno, que se les permita desarrollarse con normalidad, de forma sana. Esa es la fórmula para una mejor sociedad, y para que no haya más Bullying en la escuela.

Todos los adultos en la actualidad tenemos el poder de cambiar el mundo para los niños de hoy y las futuras generaciones, si empezamos en los hogares con una buena educación familiar a los niños, basada en el respeto, podría constituirse en una herramienta efectiva, y sobre todo una buena y eficaz medicina para la prevención del Bullying. Ellos podrán asistir todos los días de sus vidas a la mejor escuela que exista, pero si la familia no participa en su educación tanto familiar como académica, el trabajo de los maestros no será perdido, pero sería más difícil.

"La familia es, y seguirá siendo, el eje principal en la educación de los niños."

Es la familia la principal sociedad, formemos entre todos un mundo mejor, más seguro y mucho más garantizado para las presentes y futuras generaciones. Luchemos todos unidos a favor de los niños, niñas y adolescentes y en contra del Bullying, no en contra del victimario, no se conseguirá nada con juzgarlo, mientras no se eliminen las raíces que lo conducen a provocarles heridas emocional y física a otros, la prevención juega un papel determinante en cualquier situación. Empecemos en el hogar a prevenir el Bullying escolar.

Ambientes favorables

La inmensa mayoría de los padres, independientemente de que sus hijos sean adoptivos, gestados o padres sustitutos, reconocen que criar niños es una gran responsabilidad y titánica labor, es un empleo a tiempo completo, a largo plazo una encomiable labor que amerita seguimiento, cuyo único pago es ver sus hijos crecer sanos, realizados y felices. Aunque placentera unas veces llenas de alegrías y otras se cruzan algunas tristezas, aun cuando los padres hagan todo lo correctos para que todo lo relacionado con sus hijos funcione de la mejor manera posible. Casi todas las personas que han tenido y tiene el privilegio de tener niños, buscan darle una vida digna, crean ambiente lo más favorable, adecuado y sano a su alcance, con conocimiento o sin él, de que el medio ambiente en que crecen los niños y niñas tiene mucho que ver con su desarrollo posterior, cuando son adultos. Con sus raras excepciones, un hogar donde los niños pueden expresarse con libertad, hogares con una comunicación efectiva, padres preocupados por el mejor bienestar de sus hijos, tienen más posibilidades de tener un mejor futuro para ellos, tanto personal como académico. Los menores que reciben el apoyo de sus familiares más cercanos, sean sus progenitores o no, lo más importante es que los niños puedan vivir y crecer en ambientes que les favorezca tanto en su desarrollo físico, mental y psicológico, sobre todos en los primeros años de sus vidas que son decisivos para su desarrollo y su desenvolvimiento en la sociedad. Un buen cimiento en sus primeros años será una muy buena plataforma para que ellos incrementen su desarrollo intelectual y físico.

Un niño puede venir dotado para ser un genio, pero si no encuentra un hogar que le proporcione las herramientas necesarias para desarrollar toda esa capacidad con la que fue dotado, sus dotes y aptitudes tal vez no logren ese desenvol-

vimiento que requieren para que ese potencial llegue a su
máxima expresión, aun aquellos con aptitudes, inteligencia
y potencial normal como la mayoría necesitan hogares que
les proporcionen todos los elementos necesarios y adecuados para crecer y desarrollarse de forma apropiada, quienes estén por debajo de la media, si tienen el privilegio y
la oportunidad de nacer y crecer donde se les ofrezcan las
debidas atenciones en todo el sentido de las palabras que
requieren los niños, lograrán un gran desenvolvimiento, en
su vida adulta, todos los niños necesitan afectos, cuidados,
protección, alimentación adecuada de acuerdo a su edad;
atención médica y apoyo en sus deberes escolares cuando ya
están en las escuelas. Las probabilidades que poseen de llegar a la adolescencia sin desertar de las escuelas serán cada
vez más elevadas, que aquellos que no reciben por derecho
todo lo que merecen los niños solo por el hecho de ser niños.
Lamentablemente existen diversos casos que no reciben ni
la mínima parte de las condiciones propicias y los derechos
que ellos como niños deben recibir sin importar su condición
social, raza, color, cualquier otra condición o sociedad en la
que les haya tocado nacer, crecer y desarrollarse. Un niño es,
un niño, no hay tesoro que posea un valor tan grande como
los niños, por tal razón existen unos derechos inalienables
que son propios de esa etapa de la vida, y no deben ser violados en ninguna circunstancia, ni con ningún pretexto, claro
que ellos también tienen ciertos deberes; los adultos deberán
ir enseñándoles poco a poco de acuerdo a su edad, uno de sus
más grandes deberes sin lugar a duda, es asistir a la escuela
desde sus primeros años, para que empiecen a socializar con
los demás niños, es así como ellos van aprendiendo, y su
desarrollo mental será cada vez más fuerte, mientras más socializan mayor será su fortaleza mental, su autoestima se va
fomentando a medida que van aprendiendo, es un conjunto
de los que aprenden del medio ambiente de su hogar y en la
escuela con los demás niños porque cada cual tiene vivencias diferentes, en cada casa el estilo de vida es diferente,

ese aprendizaje variado les ira fomentando un alto grado de socialización que al mismo tiempo les ofrecerá las herramientas necesarias para su crecimiento personal, así cuando vengan las pequeñas dificultades, las diferencias y conflictos con uno u otro compañerito su mente y su autoestima se irá forjando, poco a poco, tanto en su entorno familiar como en el proceso de socialización con amiguitos y hermanos, cuando los hay les ayudará en todo su desarrollo, es de suma importancia fortalecer su mente, su autoestima.

De tal forma que él o ella, tengan un nivel psicológico sustentable que les permita soportar las agresiones sin que les afecte psicológicamente, y que tengan la confianza de contarles a sus maestros que en ese momento son las personas más cercanas que ellos tienen y de la misma forma puedan comunicarse con sus padres y tutores para hacerles saber que están siendo agredidos verbalmente. Siendo así, existen muchas más posibilidades que las problemáticas entres los niños se resuelva a tiempo, antes que se convierta en violencia física. Nuestra intención es la prevención antes todo, que el Bullying sea erradicado en todas sus vertientes, pero no debemos olvidar que vivimos en un mundo donde cada cual tiene distintas vivencias y por tanto una historia diferente , como existen variables que tal vez no se puedan controlar en su totalidad, es preciso que los niños aprendan a vivir con las dificultades que se presentan en la vida de todos los humanos, que ellos sean suficientemente maduros y fuertes para poder soportar cualquier conflicto, los problemas han de venir, de una u otra forma, pero que les afecten lo menos posible.

Un primer paso podría ser trabajar la autoestima de los niños desde su infancia, para que puedan vivir en un mundo donde encontrarán todo tipo de disyuntivas. Cada cual es diferente y se comporta de la forma que han aprendido del medio en que les ha tocado desarrollarse con algunas excepciones. En muchas escuelas se trabaja la autoestima de los niños de una u otra forma, pero en realidad, ese es un trabajo que sin lugar a duda le corresponde a su familia, es en el hogar donde se debe empezar a fomentar la estima de los infantes, se les hablara de acuerdo a su edad, fortalecer su mente, dejarles saber los valiosos e importantes que son para su familia y para la sociedad, sin pasar limites, ellos necesitan saber que son queridos, algunos piensan que no los quieren, eso ya es un gran problema, hay que dejarles saber a los niños que sus padres y familiares más cercanos los aman sin importar su condición, que son deseados; los niños no son tontos como algunas personas creen o piensan, aun cuando son pequeños ellos perciben quien les ofrece buen trato y los protege, a veces tienen dudas, hay que fortalecer cualquier debilidad emocional y responder sus preguntas, que se les irán respondiendo conforme a su edad, los niños a medidas que van creciendo tienen sus observaciones, preguntas y sus respuestas, sus propios análisis, no hay que mentirles, ni extenderse más allá de lo que ellos quieren saber. Si no les ofrecen las respuestas correctas verídicas, y adecuadas, ellos las van a buscar con sus compañeros de escuelas, primitos, vecinos, la televisión y sobre todos en las redes sociales cuando ya tienen cierta edad. El medio ambiente en que se desenvuelven los niños resulta muy importantes a la hora de encontrarse con un conflicto, en la escuela u otro lugar a donde tengan que frecuentar, no es lo mismo, un niño que está siendo víctimas de Bullying, que procede de una familia que les han apoyados y fomentados su valor, su estima, su reacción será muy diferentes a la de otros niños que no han encontrado confianza, afecto, cuidado, protección y sobre todo una buena comunicación en su casa. La primera sociedad, la primaria, y la más importante es a su vez determinante en la vida futura de los niños es su hogar.

La sociedad les deberá proporcionar las principales herramientas para que sea capaz de salir adelante de las distintas dificultades que de una u otra forma se presentan en la vida de las personas, en este mundo vivimos todos, no podemos esperar que todas las personas se comporten de la misma manera, en cada hogar, existe una sociedad diferentes con costumbres conocimientos y culturas que son tan variables como personas existan, los niños se van a encontrar con problemáticas muy diversas, no los podemos aislar, lejos de las cosas que son parte del diario vivir, lo único que podemos hacer es crear una muy buena plataforma, unos cimientos adecuados para que los niños vayan aprendiendo a vivir en un mundo competitivo, donde además de todas las cosas buenas maravillosas que posee, también existen circunstancias donde aparecen dificultades. Cuando se ha trabajado su fortaleza mental, su autoestima, esto les ayudará cuando se levanten esos vientos huracanados que azotan sin piedad, llámese El Bullying o cualquier otra problemática que se les presente.

No se debe cometer el error de no mandar los niños a la escuela, o no dejar que se comuniquen con los demás niños de su entorno o de su escuela, imaginemos que sembramos dos plantitas de la misma especie, una la dejamos encerrada, sin que le dé la luz, el calor del sol, que le caiga la lluvia, que le azote la brisa y el viento cuando alguna vez llega con su furia implacable, sin que reciba el sereno de la noche y el rocío de la mañana. Y la otra que por el contrario permanece expuesta a todo lo anterior, la que ha estado presente en todas estas dificultades de la vida crecerá más fuerte y tiene más posibilidades de sobrevivir, aun cuando vengan los fuerte vientos, porque ha crecido fuerte, tiene más resistencia. No se pretende hacer comparación de los niños con una plantita es un simple ejemplo. En sentido general los niños que se desarrollan en ambiente más sanos y adecuado, que socializan con otros, que van aprendiendo que en la vida se presentan dificultades, y que hay que saber cómo salir de ellas sin ser perjudicados, y sin causarles ningún agravio a alguien.

Tal vez no se pueda controlar que los niños sean víctimas del Bullying, tampoco se van a colocar en una cajita de cristal, pero si se pueden formar para que puedan vivir sin que sean tan vulnerables, cuando alguien le hace el Bullying. Hacerles saber a ellos que son valiosos, importantes y que pueden contar con sus parientes en cada momento, lugar y espacio donde quiera que vayan. Los hogares que enseñan a los niños que en el mundo existen muchas personas y que cada una de ellas tienen gustos, opiniones y preferencias distintas, formas diferentes de pensar y ver las cosas y que se deben respetar las forma de ser de los demás; aun cuando no se esté de acuerdo, o no les guste, cada cual tiene derecho de pensar y hacer como les agrade; siempre que su comportamiento no cause daño a otros, sin que tenga que recibir Bullying.

Los niños deben aprender no solo a respetar los derechos ajenos, exigir los suyos propios, pero libre de violencia. El Bullying es un tipo de violencia, solo que se esconde detrás de cualquier manto, que tarde o temprano desencadena graves consecuencias para la víctima y por supuesto para el victimario también, pero quien termina perdiendo a la postre es la víctima que tal vez no logre soportar el sufrimiento y situaciones que dejan las agresiones. La familia juega un rol de vital importancia para el desarrollo y desenvolvimiento de los niños. Los padres y tutores que se involucran en la educación, formación y desarrollo de sus hijos con el objetivo de prepararlos para el futuro construyendo para ellos una vida digna fortaleciendo su autoestima, dándoles el derecho y la oportunidad de que se relacionen con otros niños y adolescentes en un ambiente de paz, solidaridad, tolerancia y respeto, donde la educación sea integral, prestando suma importancia a los asuntos emocionales y psicológicos.

Enseñarles que, aunque vivan en un mundo que podría tornarse violento, esa no es la mejor forma de arreglar los contratiempos que se presenten en el camino; el dialogo, la paz, y un sin número de opciones existen en la vida para arreglar las desavenencias, sin necesidad de recurrir a medios violentos. Al principio el Bullying es una violencia pasiva, comienza con palabras a vece sutiles, otras hirientes, con gestos, que al final, pueden convertirse en violencia física, llega un momento que las cosas se salen de control transformándose en algo más que palabras, empujones y golpes aparecen en el escenario. El caso no es enseñarlos a ellos a soportar y dejarse molestar mucho menos que les hagan daño, esa no puede ser ni será la solución, el fin es que los niños puedan vivir en un ambiente sin violencia de ningún tipo, que, si alguien intenta agredirlos que ellos no respondan con violencia, porque con violencia nada se consigue, ellos que son niños les corresponde vivir en lugares donde se fomente la paz, la armonía, sobre todo cuando están en la escuela.

Una gran parte de sus vidas y de su existencia la pasan en la escuela. Es probable que algunos niños no asistan a la escuela por circunstancias ajenas a su voluntad, pero lo normal es que todos los niños vayan a la escuela a prepararse para la vida adulta, es un derecho de todos, sin ninguna excepción. Si los formamos para que recurran a medios adecuados, contarles a sus maestros en caso de que estén en la escuela y tenerles la suficiente confianza a sus padres o tutores para que busque la manera más adecuada de resolver el problema antes que alguien termine perjudicado. El apoyo que los padres ofrecen a los hijos tiene un valor incalculable en su desarrollo físico, psicológico e intelectual.

Todo esto va a repercutir a lo largo de sus vidas y a través de los años, empecemos a crear hogares que al final favorezcan la buena convivencia de todos los menores, recordando que mañana serán mayores, padres, madres y tutores, maestros técnicos, presidentes, gobernadores y estarán desempeñando todas y cada una de las funciones y oficios que realizan los adultos, ellos serán los líderes. Proporcionar, construir, brindar y facilitar hogares sanos, acogedores, adecuados y favorables siempre es y debe ser, responsabilidad de los padres y tutores, sin dejar de lado todo el apoyo que la escuela y a la sociedad le corresponde aportar y pueden hacer en beneficio de los niños y niñas.

El Bullying cibernético

El Bullying cibernético es el acoso a una persona a través de las redes sociales, con la intención de causar serios daños en la personalidad del individuo y hacerlo del dominio público sin pensar en las terribles consecuencias emocionales y psicológicas que causarán en las víctimas.

El Bullying es tan común, dañino, perverso, destructor, y de largo alcance. El Bullying por medios de las redes, no solo tienen el propósito de agredir, va más allá, tiene intención además de violentar a la víctima, está la de finalidad de divulgar, que todas las personas se enteren, es ahí cuando su morbo queda satisfecho lo que convierte esta categoría de Bullying en una agresión de alto riesgo, peligrosa, malsana, la burla y la vergüenza que sufren las mayorías de las víctimas, genera: tristeza, ansiedad, angustia, depresión y una series de síntomas psicológicos desencadenantes cuando las víctimas se sienten acosadas a través de las redes, o cualquier vía.

Sentirse acosado en público es tan grave que algunas víctimas de Bullying, han puesto fin a sus vidas, dejando a sus familias con una perdida y dolor irreparable. Aunque en las escuelas quienes sufren Bullying son niños y adolescentes, en los medios sociales el Bullying se extiende más allá de la niñez y la adolescencia, en este caso si bien es cierto que la mayoría son adolescentes, algunos adultos son igualmente víctima de Bullying. Muchas personas suelen hacer Bullying, aun en su propia familia, con el fin de agredirle con palabras, es probable que los familiares que hacen el Bullying a los niños no entiendan que les están haciendo un grave daño, su personalidad se va deteriorando lentamente, el problema está en que no todos, son tan fuertes mental y psicológicamente para soportar y sobreponerse de las burlas que alguien con poca sensibilidad humana les haga.

Algo tan desagradable como es el Bullying debe verse como un asunto que sin lugar a duda causa dolor en las personas, es inhumano porque lesiona y atenta contra la tranquilidad y la estabilidad emocional de la víctima. En los últimos tiempos el Bullying ha tomado una gran notoriedad, las personas que se dedican a realizar este tipo de acción es muy probable que jamás midan las consecuencias y las dificultades que causan a sus víctimas, usan algunos medios sociales para violentar e interrumpir la tranquilidad y la paz de otras personas en vez de usarla para hacer cosas productivas o positivas como los hacen miles y millones de personas alrededor del mundo, las redes sociales son buenas extraordinarias, y han contribuido para globalizar al mundo, salvar vidas, unir familias, conseguir amigos, mantener a la sociedad informada, ahorran tiempo, dinero, cortan distancias no solo unen personas, familias, sino, que nos mantienen unidos y comunicados, además sirven de enlace entre los pueblos y naciones, y aun en los lugares más distantes del mundo, tienen la oportunidad de estar informados a través de las redes, son un excelente medio de comunicación, a todos nos han servido de mucha ayuda, han unido al mundo y a las personas sin importar en que rincón del planeta se encuentren, son unas de las cosas más importante que se han creado en el mundo.

No obstante, el Bullying cibernético se ha convertido en un problema, una verdadera pesadilla mundial, cuantos jovencitos, jovencitas, personas adultas, sin importar su sexo u orientación han tenido que sufrir por el monstruo del Bullying cibernético, familias enteras que han tenido que soportar la tormenta de ver a sus seres queridos sufrir depresión, tristeza, dolor, ansiedad, y padecer de unas series de síntomas psicológicos post traumáticos. Quienes han sido agredidos por otras personas, avergonzándoles, hasta por razones que en un momento dado a la misma persona se le escapa de su control. Existen tantas variables que no es posible controlar en la vida de algunas personas, situaciones de sufrimiento y dolor y si a eso se le agrega el fantasma del ciber Bullying, quien quiera que sea, por más fuerte que pudiera parecer, si les hacen Bullying por algo que se ha salido de su control, se está condenando a la desesperación, otorgándole un malestar innecesario, llevándole al extremo de tomar decisiones de atentar contra su propia vida, como ha sucedido.

Además de la víctima, sufren sus familiares la sociedad se ve afectada, y todo el mundo en general, se ha lastimado a todo un conglomerado de personas a nivel mundial, porque todos quieran o no terminan enterándose de lo sucedido. El Bullying es destructor, aísla a su víctima de la sociedad, lentamente, disminuye su carácter y su personalidad se va deteriorando. Es posible que los victimarios en el momento no logren comprender la complejidad del problema que se avecina , el Bullying no solo deteriora, también sirve de obstáculo para que las personas que son agredidas puedan avanzar tanto en sus vidas cotidianas como en el ámbito profesional, la tortura que sufren las personas les roba todo el deseo de seguir adelante con una vida normal como todo los demás, por ser complejo y complicado se hace necesario que se les busque soluciones urgentes ,crear herramientas y estrategias con el fin de prevenir, detener, eliminar, erradicar el Bullying en todas sus vertientes.

Este enemigo silencioso, enmascarado, es mucho más grave que cualquier enfermedad, devastadora, corroe y destruye o tal vez más dañino que algunas de esas tormentas que azotan, un niño o joven que es buleado, no consigue tener paz, es atormentado, les produce confusión, turbación creando en la persona un desequilibrio emocional que no le deja dormir, ni vivir en libertad, situación que debe cambiar, el Bullying es más peligroso que cualquier enfermedad, ataca a sus víctimas acabando con la existencia de la vida humana. En otros casos las victimas terminan mutiladas psicológicamente, no consiguen recuperarse de ese problema, este fantasma les persigue a todas partes, es hora de que ya se busquen formas, maneras y estrategias a nivel social, creando herramientas educativas que hagan conciencia para que se le dé un NO, rotundo al Bullying cibernético o por el medio que sea, en la escuela en la calle, en el trabajo, los hogares, es un problema que deja perdidas, y afecta a otras personas, a la familia y a toda la sociedad en general.

Todo ser humano tiene el derecho de vivir en sociedad sin necesidad de verse agredido, burlado, hostigado, con o sin motivo, no existe razón válida para que una persona tenga que recibir sufrimiento, al final del camino a todos les acontece lo mismo, como raza humana; ¿Por qué agredirse unos a otros? No existen razones para que una familia tenga que ver padecer a unos de sus miembros porque alguien le haga Bullying, quien quiera que sea que haga el Bullying, se está olvidando de algo muy importante, que también es un ser humano, que la raza humana posee un solo código, como tal está expuesto a que les sucedan las mismas cosas. Porque no usar las redes sociales para todas esas cosas buenas y fabulosas para las que fueron y han sido creadas en vez de usarlas para causarles sufrimiento y lastimar a un individuo y a las familias con Bullying, quien hace tal cosa piensa que sólo está dañando a una persona, no es así, está agrediendo a la sociedad.

Nadie vive sólo en el mundo, ni siquiera los animales, las mayorías de las especies necesitan vivir en comunidad, las plantas, todos formamos el planeta, el universo está formado por todo lo que lo hay en él y los que los habitan, el agua, la tierra, todos somos parte un todo; las aves, hasta la partícula más pequeña, el mismo universo reclama la armonía de todos los seres vivos que le habitamos. No es necesario hacer que alguien sufra, haciéndoles padecer, tal vez en ese momento podría estar pasando por momentos difíciles, muchas personas tienen situaciones y circunstancias que les produce dolor y tristeza, si a eso les agrega más dolor, la persona terminara desterrada o sumergida en un laberinto que es posible que no pueda salir.

El Bullying termina con la estima y la personalidad de otras personas directa o indirectamente, aun cuando la persona que sufre el Bullying no pertenezca a su raza, país, comunidad, nivel social, religión u otra cosa en particular a todos nos afecta. Es importante pensar que es un problema, que además de traer terribles consecuencias que no será fácil salir de dicho problema, Es conveniente pensar en los demás, los suyos podrían ser heridos, y recoger los frutos de aquello que se ha sembrado, así funciona la ley del universo. Recibe tanto o más, en la medida que da, es más fácil hacer que alguien sea feliz que causarle un daño para que sufra, destacar las cualidades positivas de las personas es propio de personas seguras de sí mismas satisfechas y con alta estima. A las familias les cuesta mucho para ver crecer en todos los aspectos a unos de los suyos, como para tener que sufrir porque alguien le destruya todo lo que ha hecho a través del tiempo para que su pariente este en óptimas condiciones para ser un individuo de bien para la sociedad. No es nada halagador observar como sus esfuerzos se ven truncados y destruidos porque alguien frio, calculador y despiadado le place, divirtiéndose a expensas de causar sufrimientos a otros.

Que se detenga este mal que si bien es cierto que podría ser que directamente no afecte, de una u otra forma lastima y destruye. Se haría un mejor y eficaz trabajo si en vez de herir se resaltaran los logros alcanzados y las cualidades de las demás personas, honrar y destacar a los demás dignifica y engrandece.

Como lo hacen otras personas, se encargan de destacar las cualidades que poseen otros en el mundo, resaltando las cosas buenas y positivas que hacen, es tiempo de pensar y parar todo tipo de Bullying, la mayoría de las personas víctimas de Bullying, terminan aislándose de los demás y de la sociedad, en la mayoría de los casos les provocan daños irreparables de una u otra forma, una persona que ha sido víctima de Bullying se deprime, no quiere tener amigos, salir a divertirse, ya no quieren hacer todos lo que hacían antes de sentirse agredido con Bullying, algunos se encierran en sí mismo, otros menos fuertes caen en abismo muchos más peligrosos.

Ninguna familia debería perder a un miembro por Bullying, tal vez quien provoca una tragedia por hacer Bullying no lo hace pensando en que la situación se saldría de control, causando un daño extremo. El caso es que muchas personas han sucumbido y otras no han logrado sobreponerse por esa causa y es hora de detener esa práctica que lejos de hacerle bien o beneficiar a alguien causa dolor, tristeza y amargura, tanto a las víctimas como a sus familiares. Esta conducta de hacer Bullying es inaceptable, no se puede continuar como simples espectadores mirando como niños, jóvenes y adultos, son imposibilitados emocionalmente.

La sociedad misma no debe cruzarse de brazos a mirar que siga el Bullying a diferentes personas; hay que unir esfuerzos para detener toda conducta de Bullying, no es que se tomen acciones en contra de las personas, es más bien, crear herramientas para prevenir, detener la conducta. Elaborar campañas educativas, tantos para las familias, como en las escuelas a favor de la seguridad física y la estabilidad emocional de los niños adolescentes La educación es el arma más poderosa a la hora de acabar cualquier situación por complicada que parezca.

Es muy probable que las mismas personas que hacen el Bullying, no midan la magnitud, del problema que se avecina resultado de su conducta, el mismo agresor en su interior debe sentir algún tipo de sentimiento de culpa, viéndose obligado a pensar que no debe incurrir en dicha acción donde personas inocentes se ven afectadas. posiblemente alguien piense que es imposible que el ciberacoso se detenga, o cualquier otro porque siempre habrán personas que quieran usar estos medios u otra vía para causar daño a otras personas, pero no todo está perdido, en este momento en que estoy plasmando esta líneas no tengo conocimiento si existen leyes, para sancionar a quienes se dedican al ciber Bullying por haberles causado daño psicológicos y/o empujar a alguien a causarse daño a sí mismo (a) ; no solo a la persona en particular, también a las familias y a la sociedad.

El ciber Bullying debe tratarse como un delito, por tal razón las victimas deberían ser indemnizadas por los responsables de esa conducta, de hacerle Bullying a alguien, no solo las victimas deben recibir un tratamiento pagado por los victimarios en caso que sean adultos y si son menores los responsables de ellos deberían indemnizar, tanto a las víctimas como a sus familiares en caso de una perdida de la persona, no es posible que continúen las muertes a causa de este tipo de conducta , que puede desaparecer si se tomara con la misma magnitud y el impacto que produce a las víctimas, familias y a la sociedad.

Nada es imposible, el Bullying puede ser erradicado en todas sus vertientes siempre que haya la disposición, que todas las personas rechacemos esta conducta, no a la persona. Más bien a la conducta de hacer el Bullying, hacer sufrir y ofender a otros de la forma que sea. No obstante, más que leyes y sanciones se precisa una efectiva y continua educación en el seno de las familias, una restructuración en la familia, construir hogares que funcionen como tal, una educación familiar sostenible, libre de violencia física y psicológica que es la más abundante, a veces los adultos ni cuenta se dan que están maltratando a los niños es tan común que pasa desapercibido, dejando grandes huellas y heridas casi imborrables.

Ofrecerles a los niños y jóvenes la oportunidad de poder vivir en hogares donde se fomente la paz, armonía y que se trabaje en favor de crearles ambientes sanos, saludables, en la búsqueda del mejor bienestar para ellos. La prevención es la solución más eficaz para resolver esta conducta. Elaborar, crear, difundir, hacer campañas educativas a través de las redes y todos los medios al alcance, levantar la voz, todos unidos para que no haya más víctimas de Bullying en los hogares, en las escuelas, por ningún medio, ni en ningún lugar del mundo.

El Bullying Psicológico

El Bullying psicológico es el trato vejatorio y consisten-te, la intimidación descalificación para desestabilizar a un individuo con el propósito de lastimar, atemorizar, amedrentar, amilanar, acobardar, empequeñecer, apabullar, acorralar, someter, dominar, provocar, opacar, marginar, bajar su estima, puede ser con intención o sin ella, el caso es que la persona sea niño, niña, adolescente, o adulto termina lesionado emocionalmente. El Bullying psicológico es uno de los más dañinos y devastador, se encarga de ir destruyendo, debilitando la personalidad del individuo disminuyendo su carácter paulatinamente, bajando su autoestima.

El victimario no mira más allá, jamás mide la magnitud del sufrimiento y las heridas que va causando en la víctima, ni los grandes daños que dejara su acción, no se detiene a pensar un solo segundo en las consecuencias. Quien hace Bullying no tiene tiempo para imaginarse que algo le pasa, tampoco que está haciendo un desplazamiento, proyecta a través del Bullying esa problemática interna o externa que le afecta o desagrada; En mayor escala los que más ataque reciben son los jovencitos entre doce y diecisiete años de edad, es precisamente a ellos a quienes más les afecta emocionalmente, más que a cualquier otro grupo por su vulnerabilidad, en esta difícil etapa de sus vidas, no quiere decir que los niños y persona adulta, no les cause efecto, para los niños es más fácil sobreponerse de una situación difícil en caso que reciban un buen tratamiento a tiempo, de lo contrario seguirán con ese dolor hasta su mayoría de edad, y los adultos, como casi siempre han madurado su carácter pueden lidiar mejor con este tipo de problema, o cualquier otro que se le presente.

Aun así, el Bullying causa sufrimiento a la víctima sin importar cuál sea su edad, pero los que más sufren son los adolescentes, que hasta lo más simple les resulta complicado, un grano de arena a ellos les parece una montaña, con una mirada sienten que su mundo se derrumba; la intimidación, siempre es la misma, de la forma que sea, sigue siendo Bullying, de cualquier forma, la persona termina lastimada.

La diferencia sólo está en la forma, lugares y los medios utilizados para intimidar a los demás y las personas que lo hacen, ya que a través de los años han sido muchos los victimarios y en mayor cantidad las víctimas; niños, niñas, adolescentes, aunque parezca extraño muchos adultos han sido víctima de Bullying, este puede efectuarse por distintos medios y en lugares diferentes, los primeros que empiezan a hacerles Bullying a los niños son algunos parientes, que no creen que están maltratando a los niños, esto se convierte en una cadena que llega hasta las escuelas y muchas veces se extiende más allá a otros lugares, cuando se está satisfecho no hay necesidad de perder tiempo para hacerles Bullying a nadie. En el caso de los niños las cosas son muy distintas, porque aquellos que hacen Bullying a otros niños o adolescentes, muchas veces solo están tratando de llamar la atención de sus padres, tutores, o de sus maestros o quizás ellos han sido víctimas de Bullying.

Los niños que hacen el Bullying están presentando su voz de alarma, a ellos algo les está pasando dentro de su interior, alguien podría decir y pensar que le prestamos mucha atención al victimario, el problema no está en la víctima, quien en verdad tiene un problema es el individuo que hace el Bullying, en resumida cuenta es quien más ayuda necesita, si se le pone atención a quien agrede, ya no habrán víctimas, se erradicaría la raíz de una vez por todas, la víctima queda destrozada, pero las heridas y laceraciones que podrían haber dentro del victimario no se visualizan a simple vista, al victimario se le debe prestar atención; necesita que se investigue el por qué su comportamiento y partiendo de su problemática requiere ser tratado por un psicólogo, un profesional autorizado.

Si se crearan las bases para que el este emocionalmente satisfecho a gusto en su vida cotidiana, la carencia de atención y afectos provoca efectos negativos en los niño y adolescentes, pero no se puede afirmar que existe una sola causa para que alguien haga Bullying, son multi-factoriales, no hay una causa especifica determinante, habrá que buscar todos los elementos, indicadores, y la posibles variables que provoque esta inconducta. Una sólida educación familiar basada en valores, reglas claras en el hogar podría contribuir, y por supuesto que se mantengan a los menores ocupados en alguna tarea educativa, ya que el ocio nunca ha sido buen consejero, ciertas herramientas educativas ayudaran a los victimarios tanto en las escuelas como en los hogares.

Ofrecerles tratamientos para eliminar cualquier foco de agresión o violencia que lleven por dentro; una vez modificada la conducta del victimario, la agresión disminuirá. Tomando siempre en cuenta toda la información a la que algunos están expuestos dentro y fuera de su entorno familiar si se crea las bases para que ellos sean felices;

Ya no tendremos más niños, niñas y adolescentes victimas de Bullying, los que hacen las agresiones se sentirían, completos y satisfechos, no sentirían la necesidad de molestar a alguien para resolver esa problemática, el estar ocupado en alguna actividad les ayudaría a canalizar su ansiedad invirtiendo su tiempo en cosas productivas sin la necesidad de lastimar a los demás, mentes ocupadas ofrecen mayores resultados, que si están ociosas.

Sin embargo, no se puede obviar que los niños necesitan tiempo libre para sentirse bien con ellos mismo, y su espacio para que jueguen y compartan con otros niños, siempre deberá ser respetado. La intimidación, a otros niños ha estado a la luz del día, no es una novedad, todo el tiempo ha habido Bullying en la escuela y como se ha dicho antes en la mayoría de los casos la raíz del problema no está en el niño que agrede, hay una situación que deberá ser investigada en busca de soluciones.

Ese niño, niña o adolescente, tal vez quiere afecto, los niño y adolescentes tienen diferentes formas de expresar su descontento con su medio ambiente, con la sociedad, o demandar atención, cuando no la consiguen de formas apropiada, acuden a otros medios que muchas veces ellos mismos no se dan cuenta del daño que están haciendo, el problema es canalizar su dificultad por cualquier vía. Una especie de barbulla que necesita dejar escapar el aire por algún lado.

El Bullying psicológico no sólo lo hacen los niños y adolescentes, muchas personas adultas igualmente hacen Bullying. Algunos esposos, esposas también les hacen Bullying a su compañero o pareja, a veces comienza en el noviazgo con pequeñas palabras que parecen un poco inocentes, tanto que podrían pasar desapercibidas por la otra persona, pero que después toman fuerzas convirtiéndose en maltrato y hasta en violencia doméstica. Este maltrato psicológico se complica aún más porque la mayoría lo hacen delante de los hijos, ellos van aprendiendo esa conducta inadecuada, tal vez la lleven a las escuelas y si no son tratados, existe miles de probabilidades que los persiga toda su vida haciendo los mismo a sus respectivas parejas, una cadena, un círculo vicioso que en alguna circunstancia se sale de control. El maltrato psicológico se apodera de muchos hogares de tal manera que en algunos casos terminan en separación, divorcio o en lamentables tragedias.

Existen adultos que intimidan a los menores, hasta en su propio hogar reciben Bullying psicológico por familiares que no miden las consecuencias, no piensan que les están ocasionando ningún mal a los niños y/o adolescentes. Detectar el Bullying a tiempo antes que la situación se complique, sería una muy buena opción, mientras más temprano controlemos los focos de violencia, se obtendrán mayores resultados.

Una vez que el maestro detecta los primeros síntomas de que algún niño está agrediendo a su compañero y/o compañeros de forma verbal, o con simples gestos, debe tratar de ponerle un alto, es a tiempo, cuando la situación empieza, que debemos tratar de evitar que se propague a toda el aula o la escuela, deberá comunicarles a los administradores, psicólogos y el personal de la escuela encargados de velar por el bienestar de la misma. Estos a su vez deberán comunicarse con ambos padres de forma separadas, si es posible reunirlos para llegar a acuerdos que conlleven la solución del problema, con sumo cuidado, porque en ocasiones los menores solo reflejan en la escuela el comportamiento de alguna problemática en casa, cuando se trata de padres violentos que no reconocen que su hijo pudiera tener un problema, la situación podría tornarse más difícil. Esto lejos de encontrar soluciones podría generarse otros conflictos e inconvenientes muchos más graves.

Cuando son padres cooperadores resulta fácil modificar la conducta no adecuada de los niños, porque son padres que, aunque no se hayan dado cuenta de que sus hijos están pasando por algún mal momento, de soledad, algunos tienen muchas ocupaciones. Todos tienen que trabajar y cuando llegan a sus casas no pueden preguntarles a sus hijos cómo les ha ido en la escuela, porque están muy agotado del diario vivir, o ya ellos están dormidos.

Una gran cantidad de padres no pueden ver a sus hijos. Muchos niños y adolescentes que llegan de la escuela y sus padres no están en casa, las ocupaciones, la distancia lo impide, sin embargo, una llamada resulta conveniente. En este caso es muy importante para darles ese apoyo que ellos necesitan, si no es posible estar en casa existen diversas formas de acompañarles en su vida diaria y en sus tareas. Otra situación es que algunos niños temen hablar de lo que les está sucediendo a sus padres, a veces la intimidación va más lejos y algunas de las victimas reciben amenazas de los agresores, que si hablan a alguien les podría pasar cosas peores, en este caso las víctimas, por temor, no se atreven a comunicarles nada a los papás.

Es necesario mantener una buena comunicación con los menores para que pierdan el miedo a ser agredido y les digan a los mayores cualquier situación por la que estén pasado. La mejor medicina preventiva en el caso del Bullying en las escuelas, tanto para la víctima como para el victimario, sería que tanto los padres y tutores se mantengan alertas en todo aquello que concierne a sus hijos, la mayoría los hacen, sin lugar a dudas, pero las excepciones existen, otras tantas veces los padres si están al tanto de todo lo que pasa con sus hijos, pero eso no es lo que sienten los niños, algunos demandan y requieren mucho más atención de la que sus padres pueden brindarles por las ocupaciones del día a día complican la vida de los adultos, situaciones que no se pueden controlar.

El problema es que tantos los niños como los adolescentes necesitan que se les supervise, se les hable, observe, que se les den respuestas a sus inquietudes y preguntas. Sin salirse a los extremos, se les responderá de acuerdo a su edad, basado en sus preguntas, sin mentiras, ni engaño; si no les dicen la verdad, ellos solitos buscarán las respuestas por otros medios. Los jovencitos y los niños deben sentirse amados, protegidos, aceptados, por sus parientes, más cercanos, ellos saben quién los ama y les dice la verdad, es preciso que se les fortalezca su mente su autoestima para cuando alguien quiera ofenderles o lastimarles, las heridas sean menos profundas, las probabilidades de que les afecte sean las mínimas. No se pueden sacar del mundo exterior, más bien es indicarles cómo se puede estar en él, sin que les afecten todas las cosas buenas y malas que de una forma u otra quizás se imposibilite evitar, pero que algunas de las situaciones solo sirven para prepararlos para vivir en un mundo donde existe de todo, no los vamos a colocar en una bola de cristal, el diario vivir posee muchas exigencias a la que ellos tendrán que enfrentarse.

Aun así, se deberán tomar medidas para prevenir, detener, terminar con el Bullying, trabajemos con los niños y jovencitos con el propósito de fortalecer su autoestima tanto en su casa como en la escuela, en caso de que no puedan evitar el Bullying; que su mente sea suficientemente estable y fuerte permitiéndoles salir del problema menos lastimados emocionalmente. Recordando que el Bullying psicológico resulta muchos más destructor que cualesquiera enfermedades desastrosas, deja heridas y laceraciones tal vez incurables e imborrables, que si no se curan se mantienen ahí para toda la vida.

Es preciso hacer una cadena humana, levantar la voz en contra del Bullying escolar, creando conciencia de cuan peligroso es, elaborar campañas educativas, buscar todas las herramientas existentes, buscar soluciones dirigidas a la prevención del Bullying psicológico antes que se extienda. Hogar, escuela y sociedad, con la mejor herramienta existente, la que es capaz de derribar todas las barreras, la educación.

Trabajemos todos unidos en favor del bienestar, la seguridad, la salud física y mental de los niños, niñas y adolescentes.

El Bullying a transgéneros y/o a otras preferencias

El término transgénero se refiere a alguien que tiene determinado sexo de nacimiento, pero dentro de sí se identifica con el contrario, mujer o varón.

Podría ser que un niño o una niña desde muy temprana edad no se sientan cómodos con el sexo con el que haya venido, se sienten atrapados en un cuerpo que no es el suyo. Esto nada tiene que ver con quienes son sus padres o a qué sociedad pertenezca el niño o la niña, pueden presentarse en cualquier parte del mundo, aun cuando sus progenitores les hayan sacado una partida de nacimiento con el nombre de mujer o varón.

Esta persona siente que no es él o ella a quien los padres reconocen, dentro de su interior si es niña, se identifica con un niño y cuando es niño, siente que es niña, esta situación se podría convertir en una problemática para él o ella dependiendo de la forma que sus padres asimilen y manejen la situación, para algunos padres tal vez sea una gran dificultad, mientras para otros padres no habría problema en aceptar el sexo que su hijo o hija prefiere, o más bien con el que se identifica y se siente cómodo, se complica cuando la niña se siente varón o el varón se siente niña y los padres no logran comprender como eso les puede pasar a ellos, algunos suelen sentirse confundidos, defraudados, frustrados, y un poco decepcionados.

Están los que no aceptan esa situación bajo ningún pretexto y terminan despreciando y marginando al hijo o hija, mientras que algunos más comprensivos no le dan mucha importancia si su niño o niña prefiere un sexo u otro, para ellos lo más importantes es su hijo y su felicidad y lo demás es secundario, pero esas son algunas excepciones, algunos no les importa el qué dirán las demás personas, parientes, amigos y vecinos, mientras que otros padres prestan mucha atención a las opiniones ajenas sin pensar en el mejor bienestar para su hijo o hija; prefieren a un hijo o hija triste y depresivo que aceptarle y dejarle vivir como él quiera y prefiera.

El caso es que algunos padres más conservadores les temen al Bullying que han de sufrir no solo ellos, sino sus hijos e hijas, porque en diversas sociedades no aceptan a las personas transgéneros, o con otra orientación o preferencia; no todo el mundo está preparado para aceptar que alguien se mofe o se burle de su familiar, mucho menos cuando se trata de su niño o niña. El siguiente inconveniente es cuando los niños tienen que asistir a las escuelas, que son víctimas de Bullying por otros niños y /o adolescentes, esta situación les crea un problema mayor, no existe razón alguna para que alguien sea victimas de Bullying, aunque la persona sea adulta, pero cuando se es niño o niña, sobre todo para los adolescentes, es más difícil lidiar con el Bullying.

Muchas veces la situación en este caso se vuelve muy difícil de resolver, por una sencilla causa: si los niños que están pasando por dicho conflicto, no se sienten comprendidos y apoyados por sus padres y familiares, cuando llegan a las escuelas y los demás niños, niñas y/o adolescentes les hacen Bullying, el no poder manifestarse abiertamente les podría generar un estado de ansiedad, desesperación, tristeza, estrés, insomnio, anorexia, bulimia, ansiedad, depresión, y una serie de problemas de índole psicológicos que si no se atienden a tiempo, podrían convertirse en un problema de mayor complicación y llegar a extremos que podrían salir de las manos tanto a los padres como del sistema escolar.

Por tal motivo es importante que el maestro se mantenga alerta, una vez que se detecta el mínimo índice de que algún niño podría ser víctima de Bullying, deben tomarse las medidas en el lugar y a tiempo, para que el problema no se extienda llegando a complicaciones mayores, más graves y difíciles de corregir. Al mínimo foco de violencia por parte de uno u otros niños o adolescentes, se deberá avisar a los directivos de las escuelas y éstos a su vez, deberán comunicarse con los padres de inmediato para buscar soluciones en conjunto, para que se resuelva el problema antes de que se complique, escapándose del control de todos.

Para el mismo niño o niña que se siente atrapado en el cuerpo de otra persona, ya es un problema, aunque sea pequeño, porque todos los niños deben asistir a la escuelas, encontrando en ella seguridad, un lugar no solo acogedor, sino seguro, donde ellos puedan tener una activa participación en clase sin temor a ser molestados por lo demás, al mismo tiempo que sus padres se sientan seguros para que puedan realizar su actividades sin ningún tipo de preocupación pensando que alguien podría agredirles a sus hijos. Cuando los niños están en el plantel escolar, es a la escuela a quien le corresponde mantener a los estudiantes seguros, claro que de vez en cuando algunas variables se vuelven incontrolables, no obstante, la escuela es responsable por todos los niños dentro de ella.

Algunas personas adultas también sufren porque no pueden manifestarse como ellos quieren ser, sienten miedo de enfrentar una sociedad que muchas veces los discrimina, los margina, no les permite identificarse tal como son, les hacen Bullying, les agreden, no solo psicológicamente, se han visto algunos extremos donde les han agredidos físicamente, por el solo hecho de querer sentirse cómodo con la persona con la que ellos se identifican, los derechos de cada ser humano son inalienable, ningún motivo será válido para que alguien sea ofendido o agredido, por sus preferencia en un mundo donde la tecnología y la ciencia han ido creciendo a niveles gigantesco las personas deberían tener la libertad de poder ser como ellos o ellas quieren, sin temor a ser rechazado y mucho menos a ser víctima de Bullying.

Siempre que su comportamiento no afecte a los demás o a la sociedad donde se desenvuelvan, las personas tienen el derecho de gozar de libertad de transitar libremente, como todos los ciudadanos que no hayan violentado las leyes de la sociedad. Algunos varones cuando muestran un nivel de educación o finos modales, suelen recibir Bullying. Si es una niña con ciertos manierismos que la persona entienda que son propios de varones, reciben Bullying. Eso no debe continuar cuando un hombre posee buenos modales y algunas mujeres también son víctimas de Bullying si muestra formas de comportamiento que para algunas personas son propias de los varones o viceversa. Aún en medio de un mundo con tantos avances, donde la sociedad ha alcanzado niveles que han traspasados todas las fronteras, un mundo totalmente globalizado, las personas son víctimas de Bullying. Ya que el mundo va evolucionando continuamente, es necesario colocar las herramientas necesarias para prevenir y erradicar el Bullying. Ninguna persona debería tener que sufrir, ni ser intimidada por nada, menos por su preferencia sexual.

El Bullying es violencia disfrazada, un monstruo, que se le debe poner atención por el bien de la sociedad, este problema no debe continuar, educar para la paz, debe ser el propósito de todos y todas para ofrecerle una mejor sociedad a los más pequeños y jóvenes; La violencia lo único que engendra es más violencia y destrucción, hoy es un momento muy importante para pensar en aunar esfuerzos para que el Bullying desaparezca, que no existan más personas acongojadas y triste por el Bullying. Es un derecho que a cada cual pertenece de poder sentirse seguro, segura como los demás libres de vivir en una sociedad donde las gentes no se sientan vulnerable, que no sienta miedo de salir a algún lugar o simplemente que pueda transitar libremente por las calles sin temor a que le hagan Bullying, siempre y cuando esa libertad no cause daño a los demás seres vivos.

El mejor lugar del mundo para vivir es un lugar donde reine la paz, se respeten los derechos de las personas, sin que los nuestros se vean afectados. Tratar a todos con el respeto que se merece por ser una persona, independientemente de quien es o quiera ser, la autonomía e independencia de los demás debe ser respetada.

No todas las personas tienen la facilidad de enfrentarse al mundo que les rodea, sin que les importen las críticas y las opiniones ajenas, a veces los familiares más cercanos son los primeros que empiezan a poner las etiquetas desde la niñez, y por tal motivo como ya han sido agredidos, podrían sentirse frágiles, sensibles para enfrentarse al mundo que les espera afuera o algunas personas que se les hace difícil aceptar y respetar los derechos ajenos.

Parece ser muy fácil que alguien pudiera lidiar con esta problemática, pero no todas las personas tienen el mismo coraje, de salir a flote en medio de la tempestad. Sólo unos cuantos se arman de valor para gritar a los cuatros vientos lo que son, sienten y quieren ser sin prestarle atención a las críticas y al Bullying. Están los que se les dificultad salir airoso, y terminan sumergiéndose en la ansiedad, depresión, van por la vida asustados apenados y no logran levantarse, sin obviar los que se sienten tímidos, retraídos, avergonzados, y otros menos afortunados se van a los extremos, causándose daños a sí mismo, porque no aguantan esa terrible pesadilla.

El Bullying, tiene un costo muy alto, vidas que se están perdiendo por su causa, es tiempo de buscar posibles soluciones igual que se hace con un sin números de enfermedades, no quiere decir que esto sea una enfermedad, más bien es un problema social que afecta a todos, sin excepción, la sociedad gime de dolor cuando alguien toma una drástica decisión por ser víctima de Bullying.

Todas las personas sin excepción merecen vivir en una sociedad justa que les otorgue a cada cual los derechos que como ser humano les corresponden, que cada uno pueda manifestase como le agrada, sin que se vea sometido a las agresiones.

El problema es que quienes hacen el Bullying nunca piensan que es agresión o violencia. Claro que el Bullying es violencia, sólo que disfrazada y sobre todo que no se le ha prestado la atención que requiere. Es importante educar a nuestros niños a respetar los derechos ajenos y que tengan la convicción de que ellos también merecen respeto.

El Bullying entre mujeres

A lguien podría preguntarse: ¿eso qué es? ¿qué significa Bullying entre mujeres? o ¿sí existe el Bullying entre las mujeres? Aunque no esté identificado como tal, el problema es que es un Bullying al que ni se le pone atención y mucho menos se identifica, pero hay mucha violencia verbal y psicológica entre mujeres. Reciben Bullying por su cuerpo, su forma de vestir y por una series de cosas sin importancia, una especie de lucha sin cuartel; muchas veces el Bullying es personal, por teléfonos o por las redes sociales, donde se expone cualquier problemática sin importar si la persona está pasando por tristeza, angustia o dolor, agregando malestar a su aflicción por la vía a su alcance, cuya única intención es causar sufrimiento. Una especie de sabor amargo, porque las leyes del universo cobran y pagan a todos y todas de igual manera.

¿Cuántas veces ha escuchado a una u otra mujer ponerles sobrenombre? Hasta las que creen que son amigas, se ríen de su situación, cualquiera que sea. Existen caso donde la mujer recibe Bullying y murmuraciones tanto en público como en privado, solo porque no está al último grito de la moda, porque no pertenecen a la misma sociedad o a la misma raza, o su auto que no es nuevo, porque es delgada o lo contrario, hacen Bullying a otra por no usar maquillaje, el nombre dado a una mujer que no amanece maquillada es: la simple, vulnerando los derechos de cada cual como persona de llevar o no maquillaje, sin que tenga que recibir Bullying por eso. Las niñas y niños van mirando y escuchando como algunos adultos les hacen Bullying a de sus amigas. Una amiga verdadera, jamás le haría Bullying a la otra, todo lo contrario, cuando mira que algo no va bien, que le desfavorece le dejaría saber de buena forma sin lesionar su estima, ni sus sentimientos, con respeto para que su amiga no se sienta ofendida.

Algunas mujeres hacen Bullying a otras, solo porque tienen diferente poder adquisitivo, sin pensar que tener es un estado, la solvencia económica puede ser pasajera, la vida está llena de altas y bajas, hasta las montañas y los grandes árboles suelen derrumbarse, y los arboles pequeños le llega su momento de crecer, la vida está llena de sorpresas, la solidaridad, nos engrandece, elevándonos a lo más alto de la cima, las críticas, si no, nos disminuye sirve de carta de presentación.

Hemos sabido de personas que han tenido abundancia en todos los niveles, imperios, poder en todo el sentido de la palabra, pero de la noche a la mañana se les ha caído por circunstancias diversas, una mala administración o porque los han dejado en manos de personas poco honestas.

No es correcto que se le haga Bullying a alguien por su posición económica, ni nada existente en la sociedad. Hoy tenemos, mañana no sabemos, alguien que hoy no tenga para comprar una botella de agua al día siguiente podría comprar todo el manantial. Hemos visto y he tenido la desagradable desdicha de escuchar a algunas mujeres hablar de forma despectiva de otras, lastimándoles sin misericordia; otras menos directas usan las redes sociales o el teléfono para intentar agredir a unas que otras mujeres. Si las mujeres fuéramos más solidarias una con otras, tal vez serviría para disminuir los niveles de violencia en contra de las féminas.

La mujer merece respeto, ninguna debe ser maltratada, ni ofendida, es la mujer el ser más delicado que la naturaleza ha creado, poseen las delicadeza y la frescura de las rosas, pero a la vez son fuerte, ese poder de resistencia, de lucha, y de superación que tienen es incomparable, la mujer es incansable no es correcto que reciba desconsideración, si no existieran las mujeres, el mundo se extinguiría, son ellas a las que por orden divino se les dio el privilegio de traer a los seres humanos en su vientres, mantenerlos por nueve largos meses, casi siempre, cuidarlos, educarlos, y en muchas ocasiones sustentarlos, son numerosas las que han tenidos que cuidar de ellas mismas de sus niños, sustentarlos, porque por una u otra razón se han quedado solas con todas las responsabilidades del hogar.

Mujeres guerreras que han luchado con gran tesón, contra viento y marea, sin dejar que las adversidades de la vida las consuman. Se obtendrían mayores resultados si en lugar de hacer Bullying, todas las mujeres se unieran sin tomar en cuenta la religión, la raza, el color, la nacionalidad, posición económica, o cualquier situación por la que alguna este atravesando para prevenir, disminuir, acabar con el Bullying y todo tipo de violencia en contra de la mujer, todas unidas, para crear una mejor sociedad donde reine la paz, la armonía, el respeto donde ellas y los niños puedan vivir en hogares libres violencia. Dejando que cada cual viva a su manera, siempre y cuando no dañe a alguien con su conducta, de la mejor forma que pueda y quiera, sin que sea sometida a censura, o que tenga que sentirse atrapada, en un mundo que les exige, que para ser bellas deben ser delgadas, esbeltas, con un vientre sumamente plano, cintura extremadamente fina, busto firme, y una serie de cosas, estereotipadas que no corresponden con la realidad. Si la mujer no reúne estos parámetros ¿ya no es bonita? Lo peor del caso es que son las mismas mujeres quienes mantienen esta competencia entre ellas. Toda mujer es bella e interesante, para ser bella lo único que necesita es ser mujer, independientemente de su atractivo físico, edad o condición, no debería ser víctima de Bullying.

El Bullying psicológico convierte a mujeres en victimas debe haber alguna forma de detenerlo, porque a las mujeres se les debe tratar con respeto y distinción, por su gran rol de ser mujer, y por todas las funciones que realizan, no solo cuidan a las familias, son la otra mitad del mundo, contribuyen al desarrollo de la nación con entusiasmo, son incansables, las distintas tareas que toca desempeñar en cualquier reglón la realizan con esmero, y devoción, si busca a un ser de fuerzas inagotables; no vaya lejos en ella lo encontrara, desempeña todos los roles que la vida le ha otorgado con amor, dedicación, una mujer está llena de valor y fortaleza a la vez. La mujer de una forma u otra ofrece una gran cuota al desarrollo de su país. Por ser mujer y por toda su cooperación, su contribución, su dulzura, delicadeza, ternura y amor a los suyos solo merece distinción y respeto, es fuente de amor, ella debe recibir eso mismo, "amor".

Ojalá reine la solidaridad, entre todas, un poco de conciencia y en vez de violencia, verbal, psicológica, física o por cualquier otra vía, que se contribuya a la paz, del mundo, y que ninguna mujer se sienta ofendida, que su estima no se vea en baja simplemente porque no luce, o no tiene los estereotipos de los últimos tiempos. Una mujer sin importar la raza, sociedad, credo, color o nivel de compra, debe sentirse en la libertad de ser quien ella quiere ser, que pueda desempeñar el papel que ella quiera elegir, sin que se sienta desvalorizada, que nadie la ofenda ni le baje su estima por ninguna razón, que toda mujer pueda expresarse con libertad y vivir en un hogar, y en un mundo donde se sienta valorada, que jamás sea discriminada por ser mujer. Ser mujer no tiene precio es invaluable, una mujer es y siempre será más valiosa que todas las prendas preciosas juntas, por un sin número de cualidades que posee debe ser respetada, amada, distinguida con la más alta distinciones, ella merece ser exaltada y galardonada con los más altos laureles.

El Bullying entre mujeres cuyo manto tiene diferentes colores, sin que se perciba como Bullying debe llegar a su punto final; Mientras menos violencia exista entre las mujeres, no habrá lugar ni espacios para que una sola mujer se sienta ofendida, agredida, o maltratada; luchemos todos unidos como sociedad para que ninguna mujer en el mundo reciba ningún tipo de violencia, empecemos en el hogar enseñándoles a los niños y a los adolescentes que tanto mujeres como varones deben respetar y ser respetados, la competencia entre mujeres podría convertirse en violencia , de la misma forma a los varoncitos se les debe ir educando sobre el valor de la mujer y su gran valor en la sociedad y todos los roles que a ella y a nadie más le toca desempeñar y lo hace con humildad, sin pensar en el gran esfuerzo que tenga que hacer, una mujer siempre está dispuesta, ella no mira obstáculos, barreras, ni fronteras, realiza todas las labores con ahínco, amor y gran tesón.

Es necesario ir educando a los niños, niñas y adolescentes sobre el valor de la persona, para que bajen los niveles de violencia, que todos reconozcan el valor de la mujer sin minimizar a los varones, que haya respeto entre las partes y que impere el dialogo sano y diplomático para la resolución de conflictos entre todos los seres humanos.

Tanto unos como los otros merecen respeto, es un trabajo de hogar, para que cuando los niños se transformen en adultos le den un trato digno a la mujer, y viceversa, pero es un trabajo que debe hacerse desde la niñez. A las niñas hay que ir enseñándoles a no criticar a las demás, sin importar su condición. El Bullying entre mujeres debe desaparecer para que no exista ni un solo indicador que promueva la violencia en contra de la mujer.

El Bullying en el trabajo

El lugar donde trabaja una persona, muchas veces se torna como una segunda casa, es ahí donde se permanece la mayor parte del tiempo, dependiendo de las tareas, oficios, o funciones que cada uno realice y para las cual se haya capacitado, entrenado de forma individual, física, psicológica, mental técnica, empírica y /o intelectualmente.

Muy pocas personas trabajan dentro de su casa, otras tienen su propio negocio, y tal vez las cosas se les faciliten para tener una empresa, pero mantener una compañía, trae consigo muchas responsabilidades y compromisos que no todas las personas están dispuestas a asumir.

El hecho es que, de una u otra forma, casi todos estamos en la obligación de hacer algún trabajo para poder subsistir, y vivir de manera digna en una sociedad de consumo globalizada y competitiva, sin tomar en cuenta en el pueblo, o nación donde vivamos, conociendo que un empleo permite que las personas se sientan seguras y contribuye al desarrollo, así como mejor calidad de vida. De generación en generación, las personas han hecho algún oficio, del índole que sea o de su preferencia, para sustentar a su familia y su propia persona. No todas las actividades que hacen se puede llevar a cabo en su propia casa y mucho menos solos, o solas, siempre se va a necesitar la mano de obra de otras personas, así como una cierta capacidad para desarrollar algunas tareas que se hace necesario usar el intelecto de un personal capacitado, entrenado, porque de lo contrario ese negocio cualquiera que sea no funcionaria.

Aun cuando haya un dueño, gerente, contratista, o representante, la colaboración de diferentes tipos de personal competente es de suma importancia para que cualquier corporación por pequeña que sea logre los objetivos deseados y esperados por aquellos que la han creado. Es probable que en un futuro no muy lejano quienes hagan algunas funciones y desempeñen ciertos oficios y tareas sean robots. Llegará un momento que quienes estén al frente de batalla no sean los humanos, los robot realizaran una gran parte de las actividades las máquinas y las grandes naves serán piloteadas por robots, ellos construirán los grandes edificios, las torres y una series de tareas que serán hechas por robots, una gran partes de la mano de obra que hacen los hombres y mujeres hoy en día serán sustituidas por robots, las pérdidas humanas serán menos y muchas de las funciones del presente, en un futuro no muy lejano serán robots quienes ejecuten dichas tareas.

Ellos serán quienes cuidarán y limpiarán las casas de las personas, quitarán la nieve, cortaran el césped y los árboles, sembrarán y recogerán los frutos para alimentar a las personas. Incluso, gran parte de la alimentación de las personas serán fabricadas y preparada por robots humanoides, hasta las grandes fábricas recurrirán a los robot para realizar diferentes tareas, construirán los grandes edificios, los puentes, carreteras, tendremos algunos maestros robots, limpiaran las ventanas de los inmensos rascacielos así no habrá necesidad de que alguien tenga que arriesgarse y caer perdiendo su vida. Ellos no solo harán la mayoría de las actividades, sino que podrán interactuar y realizar funciones específicas, recibir todo tipo de órdenes. Los avances tecnológicos alcanzarán niveles fuera de series, el futuro que nos espera en cuanto a tecnología se refiere es bastante prometedor y algo excepcional. Sin embargo, la mano humana jamás podrá ser desplazada totalmente, siempre habrá trabajos donde será necesaria la mano, la capacidad y sobre todo el intelecto humano; aunque la mano de obra se pueda remplazar en ciertas actividades; no obstante, el poder que posee la mente humana es única, e insustituible, esa capacidad de pensamiento propia del ser humano es fundamental e irremplazable.

Existe una palabra muy sencilla, además de otras que se deben tomar en cuenta y ponerlas en práctica para que cualquier corporación logre las metas deseadas, esa es: ARMONIA, entre todas las personas que tienen la oportunidad de formar un equipo para desempeñar las diferentes funciones que hay que realizar en una empresa sea grande o pequeña, el inconveniente radica en que a veccs mientras más pequeña, menos armonía existe, aunque cada cual tiene su propias tareas y labor que realizar, algunos les invade una gran insatisfacción llevándolos a crear cierto grado de conflicto, de manera sutil, empezando con simples palabras que al principio parecen inocentes, pero en el fondo tienen el propósito de causar molestias e inquietud, gestos, miradas, entre otras cosas, que agreden a sus compañeros, al principio puede ser que pasen desapercibidas hasta por la persona que la recibe, pero, no satisfecha quien lo hace van subiendo el tono y lo que es peor extendiéndolo a otros compañeros, algunos terminan solidarizándose con el que hace el Bullying, lo ven como algo normal, otros con la víctima.

Dios me ha dado la oportunidad de poder trabajar en diferentes lugares y con distintas personas de diversas edades, con ocupaciones variadas, profesiones y quehacer distinto al de los demás. Observando las inconformidad de uno pocos, aunque estén ejerciendo su profesión para la que se han preparado, sin embargo con cierto descontento, quedando demostrado, cuando empiezan hacerle Bullying a uno u otro compañero de trabajo, sin pensar que cada una de las labores que todos hacen son importante; imaginemos que todos fueran doctores, abogados, quien enseñaría a los niños, adolescentes y demás personas adultas que aun quieren aprender así un sin número de actividades que son necesaria; en la diversidad, es ahí donde está la belleza de la vida, es satisfactorio y hermoso que cada uno de forma individual logre realizar sus sueños y desempeñar las labores, tareas y oficios que más les agrade, para lo que se ha capacitado, o este a su alcance.

Si todos realizaran las mismas funciones, las demás quedarían a la deriva sin encontrar quien las haga. El mundo necesita y siempre harán falta personas que puedan desempeñar actividades diferentes, es eso precisamente lo que hace que se desarrollen los pueblos. Si observamos un gran árbol, es cierto que solo podemos mirarlo desde el tronco hacia las ramas, mas no sería árbol sin las raíces, no significa que ellas porque se encuentren debajo tienen menos valor, el troco, que se extiende hasta arriba, las ramas, las hojas, las flores, los frutos, una empresa es semejante a un árbol donde cada una de las tareas que cada persona realiza es de suma importancia e igual que todas las partes que forman al árbol cualquiera que sea.

Aunque las raíces están por debajo de la tierra, es probable que alguien crea que son menos importantes que el tronco, o las hojas podrían gritar a los cuatro vientos que ellas son más, porque están muy arriba pero cada una de las partes forman el todo, en conjunto son las que hacen que el árbol sea lo que es, un gran árbol, igualmente en una empresa, pública o privada tanto los oficios como quienes los realizan siempre serán esenciales, para que la misma funcione y llegue a la meta, logrando los objetivos soñados por quienes la han creado. Sin embargo, para que la misma tenga un gran alcance y desarrollo; una buena armonía, es imprescindible para que funcione como tal. Cualquier foco de Bullying, una pequeña gotita de insatisfacción de quienes laboran en ella, es perjudicial tanto para el personal como para el desarrollo de la corporación.

No en todas partes se da el caso de que algunos empleados les hagan Bullying a sus compañeros, porque las mayorías de las instituciones tienen reglas muy claras, definidas y bien establecidas, no permiten que el personal que trabaja en ella tenga ningún conflicto, inmediatamente, observan algo fuera de lugar, toman las medidas y correctivos pertinentes.

El lugar donde trabajan las personas es algo sagrado, tanto como debe ser el hogar, debe reinar la paz, la armonía, el compañerismo, la solidaridad y sobre todo el respeto; cuando asume el compromiso para realizar una función tarea u oficio, un empleo es un convenio entre ambas partes, no solo con la empresa y sus ejecutivos también consigo mismo y la función que cada cual debe realizar, ha de hacerse con entusiasmo, motivación dedicación, y esmero.

El objetivo además de ganarse la vida, donde nos ofrecen la oportunidad de crecer de una forma u otra, sea un lugar libre de Bullying, este mal causa dolor y tristeza, desaliento, sin importar en qué lugar del planeta estén las personas no conduce a ninguna parte, produce estrés, ansiedad, pena, y dolor, en segundo término quien hace el Bullying terminara fuera de la empresa. Cualquiera que sea la función que realice, se requiere entusiasmo, motivación, dando lo mejor de su persona y permitir que los demás hagan lo propio. La función que desempeñan las personas requiere un cierto grado de tranquilidad y concentración porque, cualquier distracción no solo mermaría el trabajo o la producción, sino que en ciertas ocasiones hasta algún accidente podría producirse. Este tipo de Bullying, no solo es dañino para la empresa, también para todos los que la componen o forman parte de ella, sin importar la función que desempeñen.

Aun cuando este tipo de Bullying podría ser sutil, igualmente va en detrimento de la víctima. Produce una gran ansiedad, angustia, estrés, y hasta desesperación, llegando al grado de querer abandonar su lugar de empleo, pero la misma necesidad de tener desarrollo económico, le obliga a mantenerse en él, a pesar de sentirse intimidada, a veces las cosas suelen salirse de control, de tal forma que quienes son víctima de Bullying tienen que escapar para terminar con esa problemática, y lo que es peor en diversas ocasiones trasciende más allá del lugar donde las personas trabajan.

El Bullying o intimidación es dañino para las víctimas, porque va deteriorando la tranquilidad emocional que todas las personas tienen derecho a sentir, en cualquier espacio o lugar donde se encuentren, más cuando se trata de uno de los lugares más sagrados para cualquier persona, donde se gana el pan de cada día, debería ser tan sagrado como la casa, libre de hostigamiento. El Bullying cualquiera que sea y en el lugar que se produzca debe ser prevenido, detenido, controlado e eliminado por el bien y la salud mental de las personas y de la sociedad.

Posibles causas del Bullying escolar

Las causas son multi-factoriales, distintas son las causas, diversas y desastrosas las consccuencias del Bullying escolar, han alcanzado niveles tan altos que en los últimos tiempos ha pasado de escolar a un problema social. Es muy probable que el Bullying haya tenido su origen en tiempo remoto. No se registra una fecha exacta que afirme que fue ahí en donde el Bullying tuvo sus inicios, tampoco un lugar específico de donde se originó, pero siempre han habido víctimas y victimarios, tanto en las escuelas, en los hogares, como en diversos lugares de trabajos, e innumerables sitios públicos y privados, donde niños, adolescentes y adultos de una u otra forma se han sentidos intimidados y burlados, no es una práctica nueva que ha surgido hoy, no obstante existía el Bullying por teléfono, solo que antes el ciber Bullying, si existía era de forma tímida, moderada, sutil, las redes sociales no había logrado ese lugar preponderante que hoy ostentan, han sido un gran empuje en todos los renglones económico y social, una gran plataforma, un buen avance, en todo el mundo para la unión y el desarrollo de los pueblos, en general con ellos podemos garantizar que hemos avanzados a pasos gigantescos, en la sociedad, sin lugar a duda que son uno de los más grandes eslabones, han servido para salvar vidas, unir familias, conocer personas, mantenernos informados de todo lo que sucede en lejanas tierras, y un sin número de beneficios que nos ofrecen, no obstante algunos individuos la usan inadecuadamente.

El mundo se ha globalizado por medios de tecnología y las redes sociales, además de una serie de inventos que otras personas han legados en beneficio de toda la humanidad. Es muy difícil etiquetar y especificar una posible causa sustentable, que se pueda señalar como la única que lleve a un victimario a molestar e intimidar a la víctima. En realidad, son tan diversas las causas como los lugares, víctimas y victimarios cada ser humano tiene una historia diferente que le ha tocado vivir en su larga o corta vida, las experiencias de una persona son muy distintas a la de las demás, aun cuando provengan de un mismo hogar y una misma familia, a veces, aunque sean hermanos gemelos sus vivencias e historias difieren una del otro, cada persona es única, como ente único e individual, enfrenta los tropiezos que la vida les trae de forma muy diferente a los demás.

Hermanos mellizos, gemelos, si por causa ajena a su voluntad crecen separados, habrá mayor diferencia en la manera de comportarse y enfrentar los retos de la vida. Son tanta las situaciones que provocan que alguien cause malestar a su víctima, cada cual tendrá una motivación distinta. Se podría pensar que quienes hacen esta acción no poseen ningún motivo, que los hacen sin darse cuenta y sin pensar que esto sea un problema y que tampoco tienen la intención de herir, lacerar, destruir emocionalmente o llevar a una persona a los extremos, quienes se dedican a esta práctica a simple vista quizás no perciban por qué los hacen ni el alcance que tendrá, tampoco la cantidad de problemas y dificultades que dejara su acción aun cuando estén conscientes de lo que están haciendo, jamás tienen idea del problema que se avecina por hacer Bullying a alguien.

Si los victimarios son adolescentes, a esa edad no se piensa en consecuencias, ni en el dolor o heridas físicas o psicológicas que le provocaran no solo a una persona, o a muchas, las familias quedan involucradas directa o indirectamente, incluso las familias del victimario que de alguna forma tendrá que asumir responsabilidades, claro la familia de las víctimas son las que terminan más afectadas, cuando alguno de sus miembros resulta agredido o intimidado con

Bullying. Si un niño, niña o adolescentes no quieren asistir a la escuela, se deprime, llora, no duerme, cambia de comportamiento, porque otro le está molestando. Tanto la familia como la escuela por regla tiene que involucrarse, la escuela no puede aislarse de la familia, ni los parientes de la escuela, debe existir una buena relación entre ambos, deberán trabajar unidos como un equipo, en beneficio y el bienestar de los estudiantes.

Es cierto que en algunas situaciones parecen ser que no hay motivos aparentes, pero siempre tendrá alguna raíz latente, aunque no se pueda ver a simple vista que provoca que alguien moleste a otra persona sea pequeño, o adulto, de manera verbal o psicológica, puede darse el caso que el problema que impulse a un niño o adolescente a intimidar a su compañero no tenga nada que ver con la escuela ni con la víctima, el victimario podría estar haciendo un desplazamiento, por cualquier problema que se esté presentando en entorno familiar.

La violencia doméstica muchas veces se convierte en un detonante para que los niños molesten a otros, la falta de paz y armonía en algunos hogares crea inseguridad, ansiedad y angustia en niños y jóvenes, provocando que ellos lleven esa violencia a la escuela en contra de sus compañeros, la soledad que viven a diario, son muchos los que pasan largas horas en casa solos, porque sus padres deben trabajar para poderlos sustentar, el maltrato emocional, la violencia física, psicológica, la desigualdad económica, la carencia de valores, reglas claras en el hogar, hogares disfuncionales, violencia intrafamiliar, el uso de sustancia prohibidas, el alcoholismo, el maltrato físico y verbal hacia los niños, el abandono, descuido, falta de atención, carencia de afecto, la pobreza extrema podría convertirse en un desencadenante de violencia; falta de comunicación, los niños y adolescente tienen cantidad de inquietudes y preguntas que deben ser

contestadas. Son innumerables las causas que pudiera estar
provocando la conducta inadecuada de los niños, niñas o
adolescente en el aula o la escuela.

A veces se hace imposible detectar lo que ocurre dentro
del interior o la mente de un niño para que agreda a los demás y para que dicha agresión se extienda, es muy posible
que otros niños más participen, cuando se trata de adolescentes, ellos tienden a ser solidario en ese sentido con su grupo,
a un grado tan elevado, que toman las causas ajenas como
suyas para estar de lado de sus compañeros y en diversas
oportunidades involucran a muchachos que nada tienen que
ver con la escuela, sólo se unen porque uno de ellos conoce
al victimario.

Esto se da cuando se van a los extremos, ya no es el simple Bullying de palabras, la intimidación psicológica sube a
otro nivel se van a las agresiones física, empujones y golpes,
el problema está en que siempre es la víctima quien sale más
perjudicada, un grupo se une para ocasionarles daño físico a
otro niño o adolescente.

Tuve la amargura y la desdicha de tener que presenciar
varios incidentes en las diferentes escuelas donde trabaje por
varios años; en la secundaria los niveles de violencia y agresión son más altos, no fue nada fácil ni halagador tener que
ver como algunos adolescentes convocaron a un grupo para
agredir a otros, quizás por nada por una simple mirada, porque alguien que llegó antes le guardó una silla a su amigo,
tal vez porque el jovencito no era del agrado de otro, por una
chica, un chico, una silla, en una ocasión una niña le pego
con una silla a un jovencito, provocándoles una gran heridas en su rostro, todo esto fue por la silla, aparentemente,
pero en el fondo la niña tenía otros problemas en la familia,
que salían de su control, muy fuerte para su pequeño cerebro
de adolescente de trece años, un padre agresor, despiadado,

prepotente, que abusaba de la madre la golpeaba y le quitaba todo el dinero que ella trabajaba, para ir a apostarlo en caballos y todo tipo de juegos que tuviera a su alcance, si la hija trataba de intervenir, la golpeaba también a ella. La jovencita no podía hacer nada para defender a su madre, porque él era su padre.

La dificultad fue que el problema salió, ese incidente no quedo ahí, vino al otro día la policía a buscar a la estudiante e inmediatamente los padres del herido buscaron a un abogado. Toda la escuela y el personal docente estuvo involucrado, en este problema, que se extendió fuera de la misma, hubo que trabajar con ambas familias para llegar a acuerdo y que las cosas no pasaran a mayores. Ese no fue el único caso fueron muchas las agresiones verbales, física y psicológica en la escuela, en la que todo la comunidad educativa tuvo la obligación y el deber de intervenir, tanto con una familia como con la otra, no se puede resolver un problema de estudiantes sin la colaboración y participación y consentimiento de las familias, bajo ningún criterio, por mucho que la escuela quiera, las partes más importantes son los familiares de los jóvenes, sin su presencia no habrán posibles soluciones.

Una vez se dio el caso que un estudiante de primero de bachillerato de catorce años, intercambió unas palabras en la cancha cuando pasaron la pelota con uno más grande de diecisiete años, de cuarto de la misma secundaria, salieron de la cancha cada cual se fue a su aula, pero, nadie tenía ni la menor idea, el más pequeño llamo a un grupo de jovencitos que nada tenían que ver con la escuela, trajeron, palos y todas las cosas que alguien pueda imaginar, claro no llevaron armas de fuego, pero si, otras que no es necesario mencionar, y hasta un perro grande para atacar al estudiante, le esperaron en la salida de la escuela entre todos les golpearon, lo dejaron vivo, pero irreconocible, el más grande fue a parar a un hospital, por varios meses, como era de esperar entraron en la pelea otros compañeros del que ya habían maltratado, cuando el personal docente se dio cuenta de lo que estaba pasando afuera de la escuela, ya el joven estaba tendido en el pavimento herido gravemente, no pudo volver a la escuela por un largo tiempo, casi pierde la vida y el último año escolar, el agresor fue expulsado del plantel, algo que empezó con simples palabras llego a esos extremos. Las agresiones entre los jóvenes empiezan con palabras, empujones y terminan en golpes y a veces van más lejos.

Son acontecimientos que no sólo pasaban en esa secundaria, en otras escuelas han pasado y sucede lo mismo, que un estudiante tiene un problema con uno y se involucran otros tantos que nada tienen que ver con dicho plantel, ojalá que se puedan encontrar soluciones a esta situación que no pertenece solo a las escuelas empieza en diversos lugares, llegando a aquellos que son más vulnerables los estudiantes, este problema de Bullying ha acabado con muchos jóvenes dejándoles lacerados, destrozados, tristes, agredidos física y psicológicamente, como sociedad es tiempo de buscar herramientas que permitan bajar los niveles de violencia en la escuela.

En este período llamado adolescencia, mujeres y varones tienen las hormonas alteradas, son poco tolerantes, a la mínima provocación se alteran, la mayoría de los adolescentes no entiende de tolerancia, tienden a responder por una simple mirada; los jóvenes de ayer, de hoy y los de mañana no son, ni serán la excepción de la regla. Muchos jóvenes no son ni agresores, y mucho menos violentos, pero es tanto el Bullying que reciben por parte de otros, que pasan de víctima a victimario, terminan ellos agrediendo aquellos que les han hecho el Bullying, en varias ocasiones el problema ha terminado en daño irreparable, algo lamentable.

Aunque no todo depende del trabajo realizado por los padres en casa desde la infancia; algunos niños y jóvenes reciben las atenciones y apoyo de ellos, pero al juntarse con otros terminan olvidando lo que aprendieron en su hogar, unas familias hacen todo lo humanamente posibles para que sus hijos tengan un buen comportamiento en su casa, en la escuela, en la sociedad en general, sin embargo, son intimidados y molestados hasta por ser diferentes en el sentido que mantienen una correcta conducta dentro y fuera de la escuela suelen ser atacados por ser tranquilos y excelentes estudiantes. Cuando se produce una situación de esta categoría, los padres de los estudiantes con buena conducta, podrían sentirse desalentados e impotente, ya que ellos se han esmerados educando en casa a sus hijos, para que sean mejores individuos.

Cuando algo así ocurre, la solución es dirigirse a los superiores de la escuelas para que todos, trabajen en búsqueda de soluciones a la situación del Bullying convocando a los padres o tutores, muchos niños no tienen la suerte de vivir con ellos, eso ya es una gran problemática, la ausencia de uno, o ambos padres puede generar un vacío de soledad dentro de los niño, hasta un conflicto con ellos mismo, sintiéndose abandonados por sus progenitores; otras veces viven con los dos, pero unos son muy psicorrígidos o muy permisivos, ambas situaciones son generadores de violencia, podrían dar origen a conductas inadecuada e indisciplina, algunos padres dejan los hijos por su cuenta, no les trazan parámetros ni reglas claras a seguir, la disciplina brilla por su ausencia, los niños pueden hacer y desbaratar todo lo que encuentren a su paso.

Otros padres corrigen a sus hijos con agresiones físicas y verbales, infunden miedo, sus muchachos les temen, unos cuantos siguen con las prácticas de siglos pasados donde golpeaban a los hijos para disciplinarlos, mantienen eso métodos obsoletos, malsanos destructores del carácter y la personalidad que lejos de moldear y educar terminan creando más problemas a los niños y adolescentes, esa forma de disciplinar con violencia y palizas, solo les produce ansiedad, tristeza, angustia, depresión a los niños y jóvenes, tiene un efecto negativo, devastador e irreversible, en vez de volverlos tranquilos, respetuoso, los transformas en seres agresivos, rencorosos, desconfiados, hostiles y rebeldes a la postre serán adultos que arrastren con todo esto y muchísimos problemas.

Los padres ausentes, no es que ya no estén vivos o de viaje, más bien porque a ellos no les interesa en lo más mínimo lo que hacen o les pase a sus hijos, si asisten o no a la escuela, no les importa, están en la casa viviendo con sus hijos solo les dan de comer, peor aún existen otros que ni dan de comer, conocí a una señora que vivía con sus tres hijos y su esposo, ella en la hora del almuerzo le daba una soda con un pan a los hijos porque para ella el televisor tenía más prioridad que los niños. Un niño o joven que no come los nutrientes suficientes para su desarrollo físico y mental, si pasa hambre, no tendrá un buen funcionamiento en su organismo ni en su desarrollo físico y emocional, hasta habría alguna posibilidad de que se comporten de manera agresiva con otros compañeros en la escuela. El cerebro de los niños y jovencitos que no están alimentados adecuadamente no va a funcionar con la debida capacidad, que tendría si recibiera las proteínas y nutrientes necesarios para su normal crecimiento y desarrollo. Unos podrían estar cuidados y bien alimentados, pero algún problema médico a nivel físico que no guarde relación con el medio ambiente podría generarles un cambio de comportamiento, causándoles daño no sólo a otros, sino a ellos mismos. El niño es necesario que se lleve al doctor, un chequeo regularmente es conveniente saber cómo están de salud.

Además de los padres agresivos, los permisivos, los sobre protectores, los ausentes, hay muchos niños huérfanos de padres vivos, que los abandonan sin reparar en el daño que les están haciendo, psicológica y emocionalmente, unos los dejan que vayan por el mundo solos a defenderse como ellos puedan, otros papás un poco buenos, los dejan con familiares que en la mayoría de los casos los maltratan, verbal, física y todo tipo de maltrato. Ojalá todos los niños abandonados y descuidados pudieran encontrar un hogar en el que los acojan y los traten como ellos se merecen por su condición de niños. Todos como sociedad, unidos, podemos y estamos en el deber de aportar soluciones, colocar un grano de arena para que el Bullying se detenga, sea erradicado del hogar y de la escuela, de todos los lugares. El Bullying nos afecta a todos como sociedad.

Empecemos enseñándoles a nuestros niños que todas las personas merecen respeto, a ser tolerante, solidarios, aunque su raza, color, credo o cualquier otra característica que posean no sea la nuestra, las personas merecen ser respetadas independientemente de su condición, niño, adolescente o adulto. Sigue siendo un ser humano, único, valioso, e importante, el cual merece que se les trate con dignidad, sin importar quien sea la persona. Solo basta por comenzar en la primera escuela, el hogar, el respeto es un valor humano que se les debe inculcar a los niños desde su edad temprana, enseñarles a respetar la diversidad, las plantas, los árboles, los animales todas las especies, ellas están en el planeta por alguna causa o razón y se les debe enseñar a respetar a los seres humanos.

Usted podría tener la inquietud de saber cómo se puede enseñar a un niño pequeño estos valores, muy fácil, quienes les corresponde poner la primera piedra, es el adulto, respetando los derechos de ese niño o niña, cuando los adultos ponen el ejemplo ellos como esponjitas que son, irán absorbiendo, poco a poco hasta que aprenderán a respetar a los mayores, a sus compañeros, amiguitos y a ellos mismos, si alguien no tiene respeto por su propia persona, se le hace muy difícil poder guardarles el mínimo respeto a otros seres vivos.

La verdadera educación empieza en el hogar, porque es ahí donde los niños tienen sus primeros contactos cuando salen del vientre de su madre, por más bombardeo de informaciones que reciban del mundo exterior todo aquellos que han aprendido de sus padres será una gran plataforma para su crecimiento posterior. La base de la educación debe empezar en casa, sobre todo en los primeros cinco años de vida, esos serán determinante en su desarrollo por venir, sin embargo, la educación de los niños es una tarea constante, no es cosa de un día, una semana o un mes, ni un año, requiere seguimiento, hasta llegar a la edad adulta, entregar personas integras a la sociedad es responsabilidad de los padres.

La migración ha sembrado su pequeña semillita, muchos padres se ven obligados a viajar a diferentes lugares por motivos inimaginables, tienen que irse dejando a sus hijos en manos de parientes, o con amigos y vecinos quedarse con personas ajenas a sus parientes, les crea nostalgia, ansiedad, tristeza, un gran vacío que no existen bienes materiales que consiga llenar, algunos se vuelven rencorosos rebeldes, violentos. Cuando los niños asisten a la escuela, algunos son víctima de Bullying, solo por no vivir con sus padres, las personas cuando se van a otros países lo hacen buscando un mejor bienestar para su familia, y poder ofrecerles una mejor calidad de vida, el problema es que algunas veces las cosas no funcionan como se piensa y se podría perder más de lo ganado.

Algunos padres tienen la dicha de poderlos llevar con ellos a donde van, esa es una idea que en principio puede resultar buena. No obstante en caso de que dichos padres viajen a un país, o región, donde el lenguaje, la cultura y las costumbres difieren de las de ellos, los chicos necesitaran aprender el idioma, y una serie de cosas más, en ese lapso, los niños necesitan poder adaptarse a todas esas variedades de situaciones nuevas para ellos, los compañeros, el sistema y los nuevos maestros. Igual podrían ser víctimas de Bullying por parte de otros niños, si no han sido enseñados a respetar a los demás; los niños deben ser educados para comprender que existe la diversidad, aunque no están obligados a aceptarlo.

Los niños que emigran sólo tendrían que esperar un mínimo de tiempo para familiarizarse rápido con el lugar y el idioma que se hable. Para los padres es más difícil cuando se ven en la obligación de separarse de sus hijos, ese tiempo tan hermoso y valioso nunca se va a recuperar, sólo que las circunstancias de la vida de cada persona es individual, única y diferente, e incuestionable, Todas las decisiones de las personas deben ser respetadas, no es correcto decirle a alguien como o de qué forma debe actuar a menos que nos pidan una opinión, aun así se debe actuar con sutilezas; es un derecho inalienable de cada individuo de hacer con su vida como mejor le parece. La desigualdad económica en que viven muchos niños podría convertirse en un detonante de violencia, empujándolos a hacerles Bullying a otros niños.

En algunas regiones muchos niños se ven en la terrible obligación de tener que salir a trabajar, en lugar de asistir a la escuela, se les está negando el derecho que tienen de prepararse para tener un mejor futuro, e integrarse productivamente en una sociedad cambiante, que exige cada vez más personas preparadas, capacitadas, más técnicos en las diferentes ramas que existen, pero los niños que trabajan en vez de ir a la escuela lo hacen para sobrevivir o para ayudar a los mayores con el sustento de la casa, lo justo es que todos asistan a la escuela, ningún niño o adolescente debe dejar de estudiar, no existen excusas válidas para que los niño no vayan a la escuela, es un derecho inalienable que no debe ser cambiado con ningún pretexto.

Los niños o adolescentes que no van a la escuela se vuelven vulnerable a cualquier situación, por tal motivo no se le debe robar ese derecho que a ellos les pertenece de ir a una escuela a prepararse para poder enfrentar un mundo que está sujeto a cambio y por regla general se mantiene en constante movimiento, muchos de los niños que no van a la escuela hasta por eso suelen ser víctimas de Bullying.

La mayoría de los maestros hacen un buen trabajo, para evitar el Bullying en su aula, pero no es mucho lo que pueden hacer porque el tiempo es limitado, no pasan todo el día en la escuela, dentro del ambiente escolar, ellos podrían poner controles cooperando para fomentar la tolerancia, armonía, el compañerismo y la paz entre los estudiantes, pero a veces las cosas se salen de control sin que los maestros puedan evitar las confrontaciones. Además, cuando las agresiones y peleas salen de la escuela ningún maestro, aunque quisiera no puede tener control. Es ahí cuando ellos se sienten impotentes, porque ciertas situaciones salen de su alcance, tanto los estudiantes que hacen Bullying, como la víctima, en la mayoría de los casos tampoco responden académicamente, ya es un doble problema que se origina dentro y fuera del aula.

Los maestros saben que ese asunto trasciende los límites de la escuela, y ellos por mucho que hagan, se les hará difícil resolver esta situación, a menos que la familia coopere, en algunos casos el adulto va fomentando la conducta agresiva en los menores, lejos de formar niños y niñas pacíficos les van formando con base a comportamientos violentos, como se ha referido en capítulos anteriores, les ponen etiquetas, tú eres tal o cual, no se dan cuenta de que los están agrediendo, causándoles más daño que bien, lacerando su mente, hiriendo sus sentimientos, bajando su estima, deteriorando su carácter y personalidad, cuyos daños podrían ser permanente e irreparables.

Todo lo que se les diga a los niños que son hoy, en eso se convertirán mañana, con sus raras excepciones. La falta de una educación familiar basadas en valores: respeto, compañerismo, comprensión afectos, responsabilidad, tolerancia, solidaridad. La ausencia de uno de los padres en el hogar en algunos casos puede llevar a los niños a ser víctima o victimario, las constantes discusiones y peleas entre ambos, cuando la mamá y el papá no se ponen de acuerdo para educar a los niños, uno quiere implementar una disciplina muy rígida y tal vez el otro bastante flexible, otros suelen darle todos los gustos al niño, pero recibe la oposición del otro progenitor, en resumidas cuentas el niño no sabe a qué atenerse.

Hogares que viven en constante desacuerdo con relación a la educación de sus hijos. Niños que crecen en hogares totalmente disfuncionales, donde no existe la presencia de un padre que lo proteja, son mucho más vulnerable para cualquier tipo de ataque, incluyendo el Bullying, cualquier tipo de violencia intrafamiliar, violencia doméstica, inclinar la balanza más hacia un hijo que al otro cuando son más de uno, padres que consienten a un hijo y al otro no; demostrarles más cariño, o tener hijos preferidos todas esta conductas inocentes e inconscientes de los padres generan cambios de conducta y comportamiento en los niños y jovencitos.

Algunos se retraen volviéndose sumisos y tímidos y otros violentos y agresivos con sus compañeros de escuela o de aula, otras veces con sus propios hermanos. Otra situación que afecta a los muchachos cambiando su conducta el error que cometen algunos padres que tienen dos o varios hijos hacer comparación entre uno y otro, además de los niños preferidos están los marginados, aquellos que nadie les presta atención, o tal vez es lo que los niños perciben, puede darse el caso que en la práctica los padres no hagan ninguna excepción que solo sea el sentir de los muchachos, todos deben ser tratados de la misma forma, todos son preferidos, esto acarrea problemas en los niños hasta enemistad entre los hermanos.

El divorcio de ambos padres les crea inseguridad cuando no se manejan adecuadamente. Cuando la separación no es solo entre las parejas, incluye a los hijos, el hecho que uno de los dos ponga al niño en contra del otro padre, diciéndoles que es malo, va creando tristeza, e inseguridad en ellos. Algunos padres no están divorciados, pero uno tiende a hablar horrores del otro padre delante de los niños, todo estos en resumida cuenta sin que los adultos se den cuenta termina afectando el comportamiento de los menores. La adicción a sustancia prohibida de los progenitores va en detrimento de los hijos alterando su conducta, la desigualdad socioeconómica, ver que algunos niños o adolescentes gozan de cosas y ciertos privilegios que ellos quisieran tener y no pueden, porque sus padres no tienen la posibilidad en ese momento, podría irle creando un sentimiento de amargura, y sentimiento de inferioridad, hay que enseñarles que ningún niño que estudia es pobre. Aunque hoy les falten algunas cosas materiales, estudiando se pueden conseguir, con esfuerzos se logran todas las cosas que hay en el mundo, solo hay que esperar un poco, cuando los padres son cariñosos y afectuosos con sus hijos ellos toman menos en cuenta las carencias económicas, instarles siempre a estudiar aun cuando sus padres no hayan podido alcanzar estudios superiores.

Es necesario poner la atención y dedicación que los jóvenes y niños requieren, construir hogares tolerantes, lleno de afecto, compresión, y una gran dosis de paciencia, no es una tarea fácil, criar a los hijos para que sean hombres y mujeres de bien, demanda amor y una serie de valores que deben incluirse en la educación de los futuros adultos.

Empezando en los hogares a poner un alto a todas las posibles variables y causas que conducen al Bullying, contribuyendo que nazca y crezca como yerba mala en medio de un hermoso jardín de rosas, educando en el hogar, primera escuela, es una forma de prevenir, evitar que nazca y se extienda a los centros educativos, al mismo tiempo se extinguirá en los demás lugares. Si alguien piensa que es algo imposible que se escapa de nuestro alcance, con certeza no, porque no todos hacen Bullying, no todos los jovencitos son víctima ni victimario, quiere decir que sí se puede trabajar en casa para lograr que quienes hacen Bullying, tengan un comportamiento de acuerdo con las normas y estándares de la sociedad. No todos son violentos y agresivos, sus padres se ocupan de trabajar con sus hijos y para sus hijos, les dedican tiempo, sino pueden cantidad, les ofrecen calidad. Aunque no tengan suficiente tiempo para dedicarle por causas de las ocupaciones, hablan con ellos, les ofrecen seguridad, no sólo económica, sus hijos reconocen que sus padres sean quienes los hayan adoptado o gestado, viven para ellos y por ellos.

Padres que ponen todo su empeño y todo lo que este a su alcance para que sus hijos sean personas de bien, se puede vivir para sus hijos sin, que los padres se descuiden de sus otras responsabilidades como adultos, y sin dejar de lado su vida personal, la mayoría de las personas lo hacen, trabajan y cumplen todos los estándares, sin descuidar sus compromisos como padres. Nada es imposible, si trabajamos todos unidos disminuyendo las causas, no habrá quien haga Bullying, ya no habrá más víctimas, ni victimarios, el trabajo no consiste en ir contra el victimario es, formar niños y jovencitos para vivir en sociedad, es un trabajo mucho más amplio, la prevención y la educación siempre sirven de plataformas para lograr un cambio de conducta en un individuo, eduquemos al niño hoy, es la única forma para no tener que castigar al adulto mañana.

Consecuencias del Bullying

L as consecuencias son tan diversas como las causas, los problemas derivados de un ataque de Bullying son muchos. El dolor y sufrimiento y todo un arcoíris de problemáticas que les deja a la víctima después de una intimidación de Bullying, no es posible mencionarlas, no alcanzaría el tiempo y el espacio resultaría pequeño para presentar todos los efectos negativos que deja este grave problema de Bullying.

Un conjunto de complicaciones derivadas del Bullying, a las que deberíamos prestarles vital importancia: Un niño que ha sido víctima de Bullying, se aísla, no socializa con los demás, pierden todo interés en tener amiguitos por el miedo, inseguridad, ansiedad, Temor a ser agredido, en la escuela evita todo contacto con los demás niños no quiere salir a la cancha, ya no participa en los deportes, cuando hay alguna celebración en la escuela ellos no comparten, rehúyen estar presente en las actividades, la mayoría sufren de baja estima, se sienten feo, inferiores a los demás, creen que no sirven para nada, que no son inteligentes como los otros niños de su aula, o de su escuela y entorno. Niños que antes eran alegres se vuelven triste, si les gustaba la escuela terminan perdiendo toda motivación y no quieren asistir, o se escapan, bajan sus calificaciones.

Estudiantes brillantes con óptimos resultados, podemos observar que sus notas escolares en vez de aumentar van en declive, el FRACASO ESCOLAR, podría ser inminente. Se puede observar el cambio de comportamiento en ellos, los que son víctimas de Bullying tienen pocos o ningunos amigos, y muchas veces son rechazados porque los otros niños por temor a ser agredidos por los victimarios ya no quieren juntarse con la víctima.

Casi todos estos niños agredidos, sufren de ansiedad, soledad, miedo de participar en grupos, inseguridad que muchas veces se extiende hasta ser adultos, unos pierden el apetito, otros comen de más. Estos niños y adolescentes abandonan la escuela y si por casualidad les obligan a terminar la secundaria, después no quieren ir a la Universidad por el temor a ser agredidos.

Algunos niños o adolescentes han tomado medidas drásticas en contra de sus vidas, el solo hecho de pensar en algo así, duele, hace que nuestro corazón se estremezca y todo nuestro ser sienta escalofrió, y sufrimiento, se han escuchado de familias que han perdido a uno de sus miembros a causa del Bullying, sin que se tuviera tiempo para buscar alguna solución para que eso no vuelva a suceder, ninguna familia debería sufrir la perdida de uno de los suyos por ser víctimas de Bullying con solo imaginar todo el sufrimiento por el que tiene que pasar la víctima desgarra, lastima el alma, acelera el corazón, todo nuestro ser se extrémese, produce tristeza una onda pena nos embarga; muchos ven su futuro desvanecidos, pierden el interés de seguir adelante con una vida normal. Miles de estos jóvenes empiezan a estudiar con grandes sueños, y luego terminan desistiendo, porque son perseguidos, intimidados por otros.

Es necesario poner un alto a dicha situación, para que ningún joven deje de asistir a la escuela y o a la Universidad por miedo, es un derecho inalienable de todas las personas poder vivir en libertad, si no ha cometido ningún delito que esté en contra de la ley, y las buenas costumbres. Ahora es el momento de encender una luz en el camino para prevenir el Bullying, la prevención en cualquier situación juega un papel de suma importancia, para que la sociedad obtenga jóvenes sanos y mañana adultos capaces de vivir en ella, sin que sientan la necesidad de hacerles daño a alguien más, niños, niñas y jóvenes que se sientan aceptados, amados, protegidos, y seguros, no sentirán en su interior la necesidad de hacerle Bullying a los demás, ni agredirles físicamente, cuando ellos saben y tienen la certeza que al menos uno de sus padres, familiar u otra persona les ofrece amor, generan menos ansiedad que quienes son abandonados o carecen de atención y supervisión.

Los muchachos que agreden en la mayoría de los casos son, o han sido víctimas de algún tipo de violencia, dentro o fuera de su hogar, algo que no sabemos les esta atormentado, ellos no solo sufren algunas consecuencias por hacer el Bullying, vienen arrastrando una amalgama de dificultades y situaciones que se les torna muy difícil canalizar, son víctimas de vejámenes o solo Dios sabe que les está pasando, nadie se vuelve agresor, ni violento sin que haya una situación anterior que provoque tal acción, los niños no nacen violentos, habrá que investigar, porque tanto niños y adolescentes se convierten en agresores y victimarios.

Si educa a un niño hoy, mañana no tendrá que castigarlo, si les damos educación en el hogar, con amor, con reglas claras, establecidas, si les va enseñando de acuerdo con su edad, que cosas están permitidas y cuáles no, ellos fácilmente asimilaran que existen líneas y parámetros que no se deben cruzar.

Por ejemplo, cuando se está conduciendo un auto en la calle, no se cruza cuando el semáforo está en rojo, ellos van captando, y por tanto aprendiendo, con afectos lejos de agresiones, no físicas, no verbales conforme a su edad que cosas son correcta y cuales incorrectas, pero ojo sin caer en la rigidez, no ponga, no gire, no pase, no torne, no vire, no hables, llega un momento en que ellos sólo han escuchado NO, NO, NO. Algo que igualmente a la larga dará el mismo resultado que si no se les educara y se les brindara atención.

Eduquemos a los niños con tolerancia, comprensión y paciencia, que sientan seguridad, libre de hostilidad, cuando formamos a nuestros niños en un hogar hostil, el resultado será un hombre vil. No queremos una sociedad llena de personas hostiles y rencorosas, porque al final toda la sociedad sin excepción terminara pagando bastante caro las consecuencias.

Como es de saber, todas las acciones buenas y malas a corto o a largo plazo dejan sus secuelas, unas no tan buenas y otras desastrosas; los niños o adolescentes que hacen el Bullying a uno u otros muchachos, no lo hacen por el simple hecho de hacerle daño, esa conducta tiene un porque una raíz que no sabemos con exactitud, porque cada niño es distinto a los demás y las circunstancias igualmente son diferente, cada situación tendrá que ser investigada con cautela, y de acuerdo al historial y vivencias de cada niño o adolescente, tendríamos que investigar un poco más al fondo para verificar que está pasando en la vida de esos niño o jóvenes, o tal vez irnos más lejos al embarazo de la madre; probablemente haya sido maltratada, física o psicológicamente, quien sabe… tal vez no ingirió los nutrientes necesario para que su hijo se desarrollara de manera correcta dentro de su vientre.

Aunque en la actualidad a estos niños les estén dando buen trato, tendríamos que buscar todo lo que ha pasado desde que fue gestado, en caso que a simple vista no aflore por qué él o ella agreden a otros, siempre habrá una causa, que da origen a que un niño o adolescente intimide a otro estudiante, independientemente de quien sea el agresor una solución se debe encontrar para que desaparezca del entorno escolar y de la sociedad misma, todo aquello que provoque que tantos niños y jóvenes ataquen verbal o físicamente a sus compañeros de aula o escuela.

" No tomar un árbol por sus ramas, las raíces no se pueden ver, pero son ellas las que permiten que el árbol crezca."

Si buscamos el origen del problema que está causando que los jóvenes presenten un comportamiento fuera de lo normal, atacando a algunos que ellos consideran débiles y vulnerables, podríamos garantizar que el Bullying escolar desaparecerá, lo mismo pasara con esas secuelas de problemas que surgen a partir del Bullying, los efectos psicológicos y desordenes de stress post traumático son variados: problemas digestivos, miedo, trastorno de adaptación, muchas veces tienen dificultad para integrarse a los grupos y a una escuela nueva, estos y otros notables efectos psicológicos y emocionales dejan a las victimas traumatizadas y casi inmóvil.

Como consecuencia de todo esto, a algunas de las victimas le resulta difícil socializar de forma normal con los demás e integrarse a la sociedad, nadie dice que será fácil concientizar a la sociedad, o al mundo que el Bullying es un problema grave, que deben buscarse las herramientas, recursos y estrategias adecuadas, tomar medidas educativas apropiadas en los hogares, y las escuelas para prevenir el Bullying; si no se le presta la atención que amerita seguirán las víctimas, siempre habrán victimarios, cada vez tendremos más niños y jóvenes mutilados psicológica y emocionalmente, más familias seguirán perdiendo a sus hijos a causa de este terrible mal.

Todos como sociedad podemos levantar la voz contra el Bullying, trabajar en la búsqueda y creación de herramientas para que este problema desaparezca por completo; donde el entorno escolar se convierta en un lugar donde los niños y jovencitos se sientan seguros, que sus parientes no tengan que realizar las actividades diarias con la preocupación de que su hijo pueda ser molestado o agredido por uno o más de sus compañeros de escuela.

Levantemos nuestra voz en contra del Bullying, nunca en contra del victimario, son niños a los que se les debe prestar ayuda y algún tratamiento psicológico, tanto como a la víctima. Ambos deben ser tratados por un personal capacitado, todo esto a favor de una mejor sociedad para las presentes y futuras generaciones.

Actitud de los padres

Es muy difícil para los padres saber que su hijo está siendo molestado por uno u otros niños o adolescentes de la escuela, probablemente algunos de ellos se sientan impotentes, sin saber qué hacer ante la situación, algunos no pensarían dos veces para ir en busca de él o los agresores, sean pequeños o grandes, irían a reclamarles el por qué la agresión en contra de su hijo o hija, otros les dirían a sus niños bajo amenazas, que se defiendan y que no se dejen humillar y menos que los golpeen, hemos escuchado padres que les han dichos a sus hijos si viene a casa golpeado seré yo quien te daré una paliza, no debe dejar que nadie te humille ni te pegue.

Están los que no preguntarían a los agresores porque molesta a su niño o niña, a simplemente toman la venganza en sus manos, grave error, bastante costoso, van ellos mismos y agreden a quien le molesta a su niño, o niña. Otros los esperan a la salida de la escuela y los ponen a pelearse entre sí como en una especie de rin fomentando aún más la violencia entre los muchachos, sin medir las consecuencias de sus actos y el conflicto entre ambas familias, y por supuesto tendrán que ir de cara a la justicia. Todas estas actitudes de parte de los adultos son erróneas, equivocadas e inaceptables, negativas fuera de límites, en vez de arreglar, empeorara la situación, ningún padre debe ir en busca del niño agresor, en resumida cuenta, es un niño, pérdida de tiempo, un problema más que el adulto que hace tal cosa va a enfrentar, además que se sumaran múltiples agravantes.

Ninguna persona adulta debe agredir a los niños sean sus hijos o no, todas estas acciones antes mencionadas son incorrectas intolerables e inaceptables. Cualquier persona que ose tomar una decisión de tan grande magnitud tendrá que enfrentar serias consecuencias, podrían entrar a una gran disputa del cual se les dificulte salir, no es correcto inducir a los menores a tomar la justicia por sus manos, ni tampoco motivarlos que sean violentos, instarlos a resolver una situación con la violencia seria complicar mucho más la situación, al final del camino tanto el padre como su hijo saldrán perjudicados.

Ninguna persona adulta jamás tomará represaría contra un menor, menos influenciar a los suyos para hacer venganza a quien les causo algún agravio, sea físico o emocional. A los niños y jóvenes se les debe formar con un NO a la violencia. En realidad, es una situación bastante difícil porque sabemos que no resulta fácil para nadie que tenga dos dedos de frente, saber que le han agredido a su hijo o hija y quedarse inmóvil sin hacer nada al respecto, pero instar a los menores a tener una conducta agresiva no solucionara nada, sólo empeorará el problema. Los menores deben ser educados para la paz, un no a la violencia es importante para que ellos crezcan en ambientes sanos. Existen una cantidad de métodos adecuados para resolver un conflicto sobre todo cuando se trata de Bullying escolar. Algunos niños y jóvenes no les comunican a sus padres y tutores lo que les está pasando en la escuela o fuera de ella, por miedo a la actitud que pudieran tomar. En diversas ocasiones, no hablan porque igualmente podrían recibir amenazas de los agresores, o por una pobre comunicación con los padres, otros están muy ocupados y no tienen tiempo para escuchar a sus hijos.

Padres que no sacan ni el mínimo espacio para saber que les está pasando a sus hijos en la escuela, están los que solo van al lugar donde sus niños estudian si se portan mal y lo mandan llamar y otro grupo que, aunque los llamen nunca se presentan y si por algún motivo se los suspenden corren a investigar y otros que ni de esa forman hace presencia en las escuelas. Existen diferentes tipos de padres y madres, lo justo fuera que todos cuidarán y estuvieran atentos a todo lo que tenga que ver con sus hijos, muchos son muy responsables y unos pocos no tan responsable, lo más razonable sería que todos sacaran un mínimo de tiempo para hablar con sus hijos de todo el acontecer del día, la comunidad educativa es quien se debe encargar de llamar a ambos familiares que representan a los menores, para que todos unidos puedan llegar a algún acuerdo y poder resolver la problemática.

Cuando ciertos padres o familiares presentan algún índice de violencia lo más recomendable seria no unirlos, trabajar con cada familia de forma individual no será fácil llegar a un acuerdo favorable para los muchachos tanto la víctima como el victimario, que por regla general habría que pensar que alguna cosa no anda muy bien en su vida, algún problema interno o externo está atormentándoles para que de origen a un comportamiento de Bullying. Una vez que el joven, niño o niña se siente intimidado y les habla a sus padres o por que hayan observado algún cambio, el primer paso es comunicarse con los facultativos de la escuela de su hijo, si no es de la escuela el agresor, ahí se complica más porque habrá que ir en busca de los responsables de ese niño o joven.

Cuando esto sucede sería lo más recomendable hacerse acompañar por algún miembro o representante de la comunidad, para evitar las agresiones tanto verbales como físicas, nunca se sabe cómo van a reaccionar las personas. Dependiendo quienes sean tantos los padres de la víctima como del victimario las soluciones serian fáciles o muy difíciles. La actitud de los padres es muy importante cuando se quiere resolver un problema entre menores, conocí a una familia, cuando uno fue a decirle a los demás familiares que trataran de resolver un problema de Bullying simples palabras que se transformaron en agresiones físicas entre adolescentes, en vez de encontrar solución se agravo porque los adultos terminaron a golpes, entre sí, el final resulto desastroso, nunca será recomendable ir a un hogar ajeno bajo ningún pretexto para buscar solución a un conflicto entre estudiantes, para eso está la escuela, ellos saben cómo hacerlo de la mejor forma para que no surjan más agresiones y resplandezca una buena solución a la disyuntiva.

Es posible encontrar personas que entran en razón, tratando de resolver la dificultad entre las partes sin que nadie salga afectado, una salida amigable donde se detenga el Bullying sin que nadie resulte más lastimado, podría ser todo lo contrario terceros podrían terminar agredidos y familias enemistadas. Fomentemos la paz, la armonía, entre los muchachos recordando que ellos y nadie más son el futuro las naciones. Ellos captan y observan lo que hacen las personas grandes que se supone deben ser modelos a seguir, van asimilando todo lo que surge a su alrededor, aprendiendo de la conducta de los adultos, familiares, aunque en varias ocasiones las cosas se salen de control, todas las variables no es posibles manejarlas. Los padres no son los únicos en la vida de los niños y jóvenes, está la genética, además del entorno familiar y escolar, ellos absorben un sin número de información del cual van asimilando y aprendiendo, todo un bombardeo de informaciones del mundo exterior muy difícil de evitar.

La observación es una muy buena herramienta a la hora de verificar si un niño está siendo víctima de maltrato, fuera o dentro del recinto escolar, los maestros pueden también mantenerse atentos porque a veces los niños son agredidos en su casa por algún adulto, la mayoría cambian su manera de comportarse, aquellos que antes eran alegres, juguetones, divertidos, sociables, sin causa aparente se vuelven tristes, distraídos, apenados, no quieren juntarse con los demás, evitan salir de la casa, aunque antes gustarán de la escuela, van perdiendo el interés, la motivación de asistir a la misma y sus calificaciones son más baja cada día. Una vez que un niño empieza a presentar estos primeros síntomas, es recomendable hablarle y en caso que no quiera decir nada una minuciosa investigación en la escuela se recomienda, hablar con los maestros, profesionales de la conducta, personal administrativo y demás funcionarios de la escuela.

Es la escuela quien debe hablar con los padres de los agresores si pertenecen a ella, es muy probable que los niños que son agredidos presenten algún síntoma de depresión, falta de apetito, falta de sueño, o comen en exceso, frente algún síntoma de depresión de inmediato se debe acudir a un psicólogo porque él o la niña podría caer una severa depresión que desencadenaría problemas mayores. Un jovencito víctima de Bullying escolar que no tenga las herramientas adecuadas para resolver tal situación, si no es atendido de forma correcta por un personal con la preparación adecuada para su caso, podría caer no solo en depresión severa, además de aislarse del mundo social tiene más posibilidades de caer en el uso de sustancias prohibidas, de una forma u otra el Bullying es un grave problema que destruye la integridad de la víctima. Otro dato que no se debe pasar por alto que un cambio de ciudad, escuela, de país, de maestros, cuando cambian de aula, de amigos, y hasta cuando empiezan un nuevo curso puede producir un cambio de comportamiento en los niños y adolescentes, aunque no estén siendo víctima de Bullying, todo lo ante dicho podría ser una causa de inestabilidad en un niño más que en otros, lo que generaría un posible cambio en su forma de ser y alteraría su conducta.

Esa es la razón por la cual se hace énfasis en la supervisión y observación de los menores. Las distintas varíales deben ser observadas antes de llegar a una conclusión. Si queremos niños y jóvenes sano física y mentalmente, útiles, aptos para vivir en un mundo moderno en completo movimiento, donde cada día que pasa las cosas van cambiando, nada queda estático, construir una sociedad donde los futuros hombres y mujeres sean capaces de crecer logrando un óptimo desarrollo en todos los aspectos, libres de violencia.

"Un sí a la PAZ."

Educándolos para ser hombres y mujeres respetuosos, que sean capaces de integrarse en la sociedad libres de prejuicios, verdaderos seres humanos que puedan vivir junto a la diversidad en cualquier rincón del planeta.

Actitud de los maestros

Son muchos los maestros que han tenido que enfrentarse con el fantasma del Bullying escolar, mientras han ejercido su digna y noble profesión de ser maestros, como sabemos todos los oficios que las personas hacen en sus vidas son dignos, sin embargo la de ser maestro es fuera de serie, ellos tienen la gran responsabilidad, el privilegio, el compromiso, la paciencia, la vocación y el amor de formar a todos los niños, niñas, hombres y mujeres de la sociedad. Quién, sino ellos han tenido y tienen la divina, e encomiable labor, no solo de educar a las pasadas, presentes y futuras generaciones, ellos unidos a los padres, son los creadores, formadores de los profesionales, desde sus primeros inicios hasta que terminan sus estudios superiores y se incorporan de forma productiva al mundo laborar, los maestros ejercen su trabajo con dedicación y esmero, la verdad es que deberían ser más reconocido, respetados, y admirados, y por supuesto mejor remunerados, sobre ellos recae la responsabilidad, instruir, formar a todos los pequeños y grandes de nuestro magno barco llamado mundo.

Con esa misma magnitud y honorabilidad y responsabilidad de brindar el pan de la enseñanza, educar a todas las generaciones del planeta tierra, no deja de tener sus ventajas, desventajas, sufrimientos y alegrías, es una profesión que ofrece satisfacción, entusiasmo y bienestar, y cierta tristeza, más cuando se realiza por vocación, ese sentir entrañable de sembrar semillas de conocimiento, fortalecer las mentes de otras persona con amor pero en varias ocasiones, ellos se ven obligados a enfrentar diferentes tipo, situaciones y problemas en las escuelas, que es muy probable que algunas se les escapen de control, cuando un niño, niña, adolescente, presenta algún tipo de problemática de cualquier índole, de aprendizaje, familiar, o Bullying los primeros que sufren son los maestros, a veces les toca pasar bastante tiempo con los alumnos.

Existen muchos lugares donde los estudiantes a pena van a sus casas, y quienes, además de educadores, se convierten en protectores, formadores, defensores, amigos, y en diversas ocasiones hasta deben tomar el rol de padres sin que sean sus hijos. Para un maestro que un estudiante se convierta en víctima de Bullying escolar, le resulta complicado, además de tener un estudiante que se aísla, se distrae, sale del salón de clases cuando su cuerpo permanece ahí, pero su mente anda por otro lugar. No comparte con el grupo, no quiere salir al receso, se deprime, aun cuando ha sido un buen alumno, sus calificaciones irán bajando, existe la posibilidad que si no se le atiende rápidamente se descuide abandonando sus estudios. Las personas que han elegido ser maestro como oficio o su profesión la ejercen con alegría, devoción, motivación y entusiasmo, pero sufren les embarga el dolor cuando uno de sus estudiantes no responde adecuadamente como debe ser, y que decir si el victimario igualmente es uno de los suyos, la pena y la tristeza se multiplica, dos problemáticas se les presentan en su aula, a la que deberá buscarle rápida solución, antes que se extienda. Su sufrimiento ahora vale por dos y tal vez termine multiplicándose, dependiendo de cuantos estudiantes estén involucrados, como podemos observar la tarea de ser maestro, es un gran reto, no es tan fácil, ni tan bella como parece, requiere responsabilidad, alguien puede creer que tiene la fragancia y el color de las rosas, hasta ellas tienen espinas, es un oficio de mucho compromiso, aunque deja su alto grado de satisfacción. Cuando ellos pueden ver que aquellos jóvenes que han educado ven sus sueños hechos realidad, sin lugar a duda que su felicidad es inminente.

La otra cara de la moneda, la más difícil mirar que algunos de los suyos no han alcanzados los logros necesarios, tanto dentro del aula como fuera de ella porque han sido víctima de Bullying, simplemente porque es una víctima o ha sido victimario, muchos de los niños y adolescentes victimarios casi siempre dejan de estudiar abandonan la escuela, porque no logran ajustarse a las normas establecidas en las misma o porque la escuela se ve en la obligación de suspenderle por su conducta, otras escuelas tampoco querrán recibirlo, habría que buscarle una solución para que algún maestro le enseñe en la casa, pero un aislamiento no es conveniente, aunque tal vez necesario, aplicando una técnica de tiempo fuera le beneficiaria, surtiendo efecto y a la vez modificando su conducta, siempre que reciba un tratamiento por un psicólogo o personal entrenado, hasta que pueda regresar a la escuela nuevamente.

El maestro sabe muy bien que más allá de ese niño, niña o joven victimario existe una situación, quien sabe si intrafamiliar, que se está manifestando a través del Bullying; podría haber en el estudiante algún conflicto que los maestros desconocen, pero saben que algo no anda bien con él o ella. Ahora bien, mientras ese alumno permanece en su aula, las soluciones serían mucho más fáciles, tanto para la víctima como para el victimario, cuando permanecen en la escuela es mucho más fácil trabajar con ambos, víctima y victimario. La intervención a tiempo, de los maestros en este caso, podría lograr una solución más amigable para ambas partes trabajando en compañía de los padres y todo el personal de la escuela, un maestro casi nunca puede resolver un problema de esta magnitud por sí solo, porque lejos de encontrar una buena salida podría complicársele.

Por regla general, los padres deben enterarse de cualquier dificultad por la que estén pasando sus hijos, su ayuda y cooperación en el proceso de educación, enseñanza aprendizaje de sus muchachos es imprescindible. La participación del maestro una vez se vislumbra los primeros indicios de agresión verbal, o intimidación a través de gestos entre sus estudiantes, hablar con el o los jóvenes en privados, con la intención de que pare el Bullying contra su compañero, tomando en cuenta que todo problema con los alumnos amerita un seguimiento, a corto o largo plazo, la información a los padres es imprescindible jamás se debe obviar.

No se debe esperar que la situación se complique para hablarles a los responsables de los niños, un día de espera puede ser demasiado tarde, el primer y más importante paso comunicarse con ambos padres para hacer de su conocimiento lo que está ocurriendo con sus hijos, tanto a los del agresor como a los del agredido, están en el deber de comparecer, podría darse el caso que algunos padres no acudan al llamado por falta de tiempo, no están en el país, no tienen interés, en la vida escolar del hijo, hija, o porque ya no están, aquí se le complicará un poco más al maestro porque se verá en la obligación de llamar a las personas con quien vivan los alumnos, casi nunca los niños viven solo, siempre habrá algún adulto que los represente, a ese precisamente se deberá buscar para informarle la situación.

Entre todos, maestros, comunidad escolar, padres y tutores tendrán que aunar esfuerzos para que se detenga la agresión verbal y no llegue a otros niveles. Ningún maestro deberá tomar la venganza en sus manos cuando uno de sus alumno es agredido física, verbal o psicológicamente, aunque la víctima sea uno de sus mejores estudiantes o un familiar, cuando se trata de problemas entre los estudiantes de cualquier escuela sin importar cuál sea, o donde se encuentre, los maestro no lo deben tomar como algo personal, todos son estudiantes sean los suyos o no, ningún maestro deberá parcializarse para un lado ni para el otro, todos los estudiantes, merecen el mismo trato, la imparcialidad forma parte de la solución, ni los padres deben tomarlo de manera personal, así no se puede poner fin a un conflicto entre estudiantes, bajo ninguna razón los padres deberán ir a pedirles cuenta del agravio a él o los agresores debe ser un minucioso trabajo de equipo, comunidad escolar, incluyendo un profesional de la conducta o personal entrenado que no debe quedar fuera, porque son ellos junto a los padres quienes deberán encontrar las herramientas para resolver el problema y lograr modificar la conducta del agresor en compañía de los padres, y por sobradas razones estos últimos padres y tutores que por supuesto deben estar presente cada vez que sus hijos tengan algún problema sean víctimas o victimarios, jamás los padres deberán quedarse fuera ni ajenos a todo lo que este aconteciendo con sus mayores tesoros, sus hijos.

Mientras mayor es la participación de los padres en el desarrollo y proceso escolar de sus hijos menos difícil seria el trabajo de los maestros, la cooperación de los padres en el proceso escolar de sus hijos facilitara el trabajo de la escuela; mientras más padres se involucren en la vida escolar de sus hijos, en la sociedad habrá menos problemas y por consiguiente el futuro de los jóvenes estaría más garantizado al final los padres serían los más beneficiados; podrán cantar victoria y los maestros quedarían más satisfecho por su trabajo realizado, de esa misma forma se estaría ofreciendo a la sociedad personas cada vez más integras que a su vez irían formando las nuevas generaciones, trabajando, padres, maestros y sociedad juntos para que las generaciones por venir puedan vivir en hogares libre de violencia, que no se siga propagando a través del tiempo los hogares deben ser los primeros donde se le otorgue cero tolerancias a los maltratos, físicos, verbal, mental y psicológicos.

El Bullying, arma mortal

El Bullying en general es un problema que siempre ha existido, pero que a través del tiempo se ha convertido en una gran dificultad, un problema que ha perjudicado a muchos adolescentes de una u otra forma, arropando a numerosas familias dejándoles graves heridas y hasta pérdidas humanas. Hemos observado que cuando una peligrosa enfermedad aparece a nivel mundial se buscan soluciones para lograr detener la enfermedad y que menos personas resulten afectadas por dicha epidemia o pandemia, pero cuando se trata del Bullying escolar, aunque ciertos sectores han trabajado tímidamente y algunas personas e instituciones no se han cruzado de brazos a esperar que más familias pierdan uno o algunos de sus miembros, por ser víctimas de este terrible problema. Es necesario que se le preste una mayor atención.

Además de las pérdidas humanas que hemos tenido por esta causa, algunos han quedado emocionalmente debilitados con su vida hecha pedazos, si no se buscan soluciones adecuadas a tiempo igual podría convertirse en una pandemia social, que seguirá cobrando más víctimas, muchos jóvenes y niños han muerto aparentemente por causa del Bullying. De hecho, se ha convertido en un problema social no ha sido uno, ni dos jóvenes que ahora no están junto a sus seres queridos porque han sufrido esta terrible pesadilla cayendo en una severa depresión, porque alguien les hizo Bullying, es muy probable que no existan estadística realmente establecidas para identificar una cifra exacta de todas las victimas que hoy día no han logrado recuperarse de este problema, lo cierto es que son muchas las familias que hoy no tienen algún familiar, porque el Bullying cual si fuera enfermedad mortal se los arrebatos del seno familiar. Si alguien ya no está junto a los suyos porque se enfermó, es muy duro y doloroso, pero resulta menos difícil aceptarlo y recuperarse del dolor, el sufrimiento es más profundo y devastador, cuando una familia pierde un miembro por ser víctima de este terrible mal llamado Bullying.

Qué decir de aquellos que ahora no están con sus familias, porque el Bullying se los llevó del entorno familiar, otros de la vida social, o simplemente han visto sus sueños truncados por miedo o temor a lanzarse al mundo real por ser víctima, no solo en las escuelas también en sus hogares, porque algunas personas no han tenido que ir a la escuela para que se les hagan burla, existen familias que causan dolor y sufrimiento a sus niños colocándoles etiquetas y sobre nombres, que terminan dañándoles y perjudicándoles hasta que son mayores.

El Bullying, puede convertirse en un arma mortal y peligrosa si no se buscan las posibles herramientas adecuadas para que menos niños, niñas, adolescentes y hasta personas adultas queden mutiladas emocionalmente, por este problema, más aún si quienes lo hacen son miembros de la familia, quienes sufren más y son afectados por el Bullying son los adolescentes con edades entre doce y diecisietes años, en etapa de la escuela secundaria, este es un problema muy serio que se le debe buscar rápida solución unamos nuestros esfuerzos para buscar herramientas dirigidas a la prevención, detención del Bullying ya que se ha convertido en una situación que preocupa a todos, no es un problema de escuela sencillo y simple se trata de vidas humanas que se están perdiendo, nuestros niños y adolescentes que sufren por esta causa, aun cuando la víctima no sea conocida, duele saber que algo así está acabando con personas que sin lugar a dudas son nuestros más grandes tesoros.

Aunque hoy son niños y adolescentes la parte más vulnerable de la sociedad, a ellos se debe cuidar y proteger son el futuro, cualquier problema en sus vidas les atrasa el proceso de desarrollo académicamente y emocional, el Bullying se ha convertido en un panorama sombrío, una situación que parece ser propio de las escuelas, pero se ha transformado en un asunto social, podría haber una especie de muerte psicológica, ansiedad, tristeza, baja estima y una serie de desencadenantes, que a no ser con una buena intervención y un efectivo tratamiento terapéutico con un psicólogo bien entrenado.

Tal vez la víctima no esté en condiciones de sobreponerse en todo el resto de su vida. La medicina más efectiva contra el Bullying escolar no la venden en farmacia, ni en ninguna tienda habida ni por haber, el remedio este únicamente en los hogares, en cualquier parte del planeta que exista un hogar, donde haya niños y/o adolescentes, ahí es, donde se puede empezar a colocar las herramientas para la prevención del Bullying, donde podemos encontrar la píldora sanadora primordial para prevenir, acabar con el Bullying escolar. Empecemos por la primera sociedad, la familia; nada ni nadie es más importante para un niño, niña o adolescente que sus parientes, el lugar propicio para comenzar a cortar la raíz del Bullying.

Quienes han tenido ese gran privilegio de tener esos grandes tesoros, que no sólo les pertenecen a ellos, pertenecen a la sociedad; no obstante, cada uno es responsable por los hijos e hijas que Dios les presta, pues mientras goza de ese valioso y hermoso privilegio, ya que no todos los tienen y otros que se les ha otorgado lo han rechazado, pero a quien Dios les haya otorgado la dicha de ser padre y madre gestados o adoptivos, tienen el deber, no sólo de proporcionarles ropas y alimentos, el cariño sincero, e incondicional, los cuidados, atención y sobre todo la comunicación con los niños y niñas son necesarios, ofrecerles un hogar donde ellos se sientan amados, protegidos, seguros, y aceptados. Un hogar libre de maltratos, ofensas, sobrenombres, ni etiquetas, únicamente a algunas mercancías se les debe colocar etiquetas, otras no necesitan y las que las llevan es solo para identificar el fabricante o dueño de la marca.

La melodía más dulce y hermosa que alguien pueda escuchar es su nombre, llámele por su nombre; pare de decirle que son tontos, que no sirven para nada, que se cambie el discurso no sólo en un hogar, en todas partes. Dígales que ellos son importantes, que son buenos, inteligentes, que alcanzaran grandes logros cuando sean grandes, que siempre se puede, debe decirle que aun siendo pequeños pueden sonar, instarlos a tener sueños, apoyarlos para que ellos puedan alcanzarlos, no permita que nadie los agreda, no apoye las etiquetas ni los sobre nombres.

Cuando alguien hiere a sus hijos, es como si lo hiciera con su propia persona, porque, en resumidas cuentas, fue a usted y a nadie más a quien le dieron este préstamo tan maravilloso de ser padre o madre. Seguro que si a alguien le dan un préstamo de dinero en un banco, esa persona que lo ha recibido, no va a querer gastarlo en cosas superfluas, sino en las más importantes, en sus prioridades. Esos son los hijos, sus prioridades. Les debe dedicar tiempo, aunque no pueda cantidad, ofrézcales tiempo con calidad, hágales sentir seguros, seguras.

Todo lo antes dicho, entre algunas otras herramientas que se pueden utilizar para que el Bullying no continúe siendo esa arma destructiva que ha entrado en las escuelas acabando con la paz emocional de los niños, los jóvenes y por supuesto de la familia. Que la falta de un adulto responsable no vaya creando un vacío en el interior de su ser, su mente. Aquí, las prioridades son y siempre serán los niños, niñas y adolescentes, ellos son el futuro de toda la sociedad, trabajemos en la primera escuela, la universal, la que debe colocar las bases principales en la existencia de un niño, la suya, la de todos. La principal educación comienza en el hogar, con las personas que ellos y ellas tienen los primeros contactos. No se les debe dejar la educación familiar de los hijos e hijas a la escuela, a los maestros; la función de ellos es otra, cada cual tiene la responsabilidad y el deber de desempeñar el rol que les corresponde, unos como padres y otros como maestros.

No es justo que los maestros tengan que llevar una maleta que no les corresponde porque no es suya, se puede cooperar, pero en su rol de maestro, el caso es que algunos padres se acomodan dejando a las escuelas y su personal una tarea que es propia de ellos como padres. El sistema escolar juega un papel sumamente importante en la vida y el desarrollo académico de los estudiantes, pero el de los padres, y tutores, no debe debilitarse bajo ninguna circunstancia.

Aun cuando los niños estén en la escuela, el trabajo de los padres debe continuar mandar a los hijos a las escuelas no exonera a los principales responsables de su salud física, mental y emocional y en especial deberá ayudarles en sus deberes escolares. Construyendo hogares, libres de violencias, tanto verbal, física y psicológica, pero OJO, verdaderos hogares, no una casa para alojarlos, sin ninguna supervisión, protección, ni cuidados, donde el amor, el respeto y la comprensión y la comunicación brillan por su ausencia, no se necesitan ni grandes esfuerzos, ni gran poder de comprar, las cosas más importantes que ellos necesitan el dinero no las podrá comprar jamás, ellos necesitan la presencia de sus padres, amor, atención una buena comunicación, sensibilidad humana, tolerancia, paciencia, que se les brinden hogares donde los valores estén presentes, que no aflore ningún tipo de violencia, lo que logra que los niños, niñas y adolescentes crezcan seguros de sí mismos.

Nada tiene que ver con que sus padres tengan posiciones o no. A ellos, además de alimentación, ropa, zapatos y juegos electrónicos, todo lo anterior les favorece. Todo lo que sea tecnología les ayudara en su desarrollo intelectual, les permite desarrollar habilidades, aumentar su potencial, adquirir distintas destrezas, pero ellos requieren y quieren padres amorosos que les hagan sentir seguros, no sobre protectores, que no les permitan crecer como ente social sanos, para que no se conviertan en víctima ni victimario. Un buen cimiento en el hogar desde la edad temprana podría ser una muy buena herramienta para empezar a combatir el Bullying en las escuelas, y sobre todo permitirles hablar, comunicar cuando algo les esté pasando, que aprendan a defender sus derechos de forma pacífica, con el dialogo. El amor es el arma más poderosa que exista en el mundo, puede acabar no solo con el Bullying, es capaz de transformar a los seres humanos, volverlos sensible, valientes, compasivos, solidarios, tolerantes, pacientes, tratar a los niños y adolescentes con amor lograra que sean mujeres y hombre dignos y aptos para vivir en cualquier sociedad.

No obstante, los padres no deben permitir que personas ajenas les coloquen etiquetas a sus hijos, sin importar quien sea, quien lo intente o lo haga, este es también un buen paso encaminado a detener de este problema, en realidad podría ser que esta problemática en ocasiones se escape de las manos, no por falta de atención y cuidados por los adultos, sino porque los niños y jóvenes están en contactos con una series de información extra familiar, que a veces se vuelven incontrolables, se requiere un esfuerzo constante y arduo trabajo, aunque los padres procuren las mejores atenciones para sus hijos, la situación podría complicarse, porque además del hogar los niños y jóvenes están expuestos al medio ambiente externos al hogar. Muchos niños bien cuidados, con una muy buena formación cuyos padres y tutores se han despojados de sí mismo para dedicar sus vidas al cuidado de sus pequeños, se enfrentan con la encrucijada de que sus hijos no son victimarios, pero se convierten en víctima de otro que no ha recibido los mismos cuidados y que tal vez han tenido que vivir en hogares tambaleantes, disfuncionales, o con personas abusivas, o muy permisivas, no porque ellos hayan elegido esa forma de vivir, sino porque lastimosamente eso es lo que les ha tocado afrontar. Es aquí cuando el trabajo de la escuela se torna más pesado, difícil y complicado, porque de una u otra forma quien quiera que sea el niño, deberá ser ayudado, y sin la debida participación de un adulto responsable, suele complicarse por más esfuerzos que haga la comunidad escolar el trabajo realizado no podrá lograr el objetivo esperado.

Una buena supervisión de los padres, no sólo en lo que tiene que ver con la vida cotidiana de sus hijos, también la responsabilidad y presencia activa cn las tarcas escolares, es preciso acompañarles durante su vida académica mientras son menores de edad, que los padres aun, cuando estén separados mantengan una buena comunicación con respecto a sus hijos e hijas, porque al fin y al cabo ellos son los padres y nadie más, en caso que se divorcien, que sea entre ellos, que no se divorcien de sus hijos, que no involucren emocionalmente a los niños o adolescentes en sus conflictos porque esto les genera dolor, ansiedad, preocupación e inseguridades. Se vuelven irritables, agresores o tímidos, podría afectar su salud mental y su rendimiento académico en la escuela; es responsabilidad del padre mantenerse alerta, observando cualquier cambio de comportamiento de su hijo, sea niño o adolescente.

Varios indicadores podrían revelar que él o ella, están pasando por alguna dificultad, sea Bullying o no. Por ejemplo, cuando no quiere comer o lo hace de manera desmedida, cuando antes se alimentaba con moderación. Es muy probable que algún foco de ansiedad les esté invadiendo y debe haber una posible causa. Ya no siente ningún interés ni deseo de ir a la escuela, no juega, prefiere quedarse en casa acostado, durmiendo durante varias horas sin que presente enfermedad física aparente; se muestran descontentos, irritables, o por el contrario sumisos, muy tranquilos, bajan sus calificaciones. Cuando un niño presenta una desmotivación con relación a la escuela y sus deberes, hay que investigar qué situación está provocando ese cambio, hablar con el médico, para saber si existe algún problema físico, un psicólogo u otro profesional autorizado y competente, antes de que la situación se complique todavía más. Todos estos pequeños pasos a seguir ayudarán a detectar si los niños o adolescentes están siendo víctimas de Bullying en la escuela u algún otro lugar.

Una señora me contó que a uno de sus niños le hacían Bullying en la escuela porque tenía un poco más de peso que los demás de su aula, él siempre tuvo sobrepeso, desde muy pequeño. Cada día que iba a su escuela los compañeritos lo molestaban sólo por estar pasado de libras, el niño no quería asistir a la escuela, su madre cada día lo llevaba, lo motivaba como hacía con sus dos hermanitos, una mujer y otro varoncito, que estaban en la misma escuela, pero el que era víctima de Bullying, se escondía para no ir a la escuela. Ponía todo tipo de excusas para no asistir con miedo a las burlas de otros niños sólo por su peso. Un día que ella lo llevaba, él se le soltó de sus manos y corrió por una calle, su madre preocupada lo buscó por todas partes por varias horas hasta que lo encontró en una tienda de ropa escondido. Ese día no lo llevó a la escuela, porque él le pidió con ruegos, llorando, no quería ir. Fue a la escuela a ver qué estaba pasando con su hijo, también le preguntó a él porque su negativa de ir a su escuela, cuando sus hermanos no se quejaban y siempre estaban presto para asistir. Ella era una madre completamente dedicada al cuidado y bienestar de sus niños, se sentía sumamente preocupada por el problema de su segundo hijo, ese día que se le escapó de sus manos lo dejó en casa. Fue ella quien fue a la escuela para hablar con el maestro acerca de lo que estaba pasando, al día siguiente ella llevó a su hijo a su aula con la ansiedad y la preocupación de que se pudiera escapar de nuevo y bajo todas las razones debía llevarlo a la escuela. No se debe dejar a los niños en casa y ella tenía que trabajar para sustentarlos, porque además en el hogar el padre brillaba por su ausencia, estaban separados y cuando vivían juntos, igualmente. Sólo estaba ahí por decir que estaba y para agredirla verbalmente.

Todo el peso del hogar y los hijos estaban sobre los hombros de la señora, ese sólo era el reflejo de otros tantos casos existente en la sociedad. Pasaron unos cuantos días más y el chico volvió a quejarse de no querer ir a la escuela con sus hermanos, la madre le propuso cambiarlo de escuela para que no estuviera en ese lugar, pero él tenía mucho miedo de ir a cualquiera otra con el temor de ser víctima de Bullying, decidió ir a la misma escuela, pero la señora debía ir a trabajar y los ayudaba a prepararse , les preparaba su desayuno, igual que a los otros hermanitos, los llevaba a su escuela y después se iba a su trabajo, pero con la ansiedad, el estrés y la preocupación de que él podría no entrar a su escuela y no entraba.

Por esa causa tomo la decisión de dejarlos enfrente de la escuela, pero el niño se quedaba cerca hasta que pasaran las horas, no tenía calificación, hasta que la llamaron de la escuela para informarle que él no asistía. Después de un largo tiempo con esta lucha, ya la madre no pudo hacer nada, con todo el esfuerzo que hizo ella no obstante el niño no quiso retornar a la escuela, abandonó los estudios y penosamente se sumergió en el uso de sustancias prohibidas.

Tal vez no podamos evitarles a los niños y jovencitos que estén expuestos a las dificultades de la vida, porque aislarlos del medio, evitándoles que se relaciones con todo lo que conlleva vivir en el mundo resultaría un error que en resumida cuenta terminaría perjudicándoles aún más, se les debe dar la oportunidad que enfrenten las espinas y telarañas del exterior, ese es el mundo real, existen piedras y tropiezos que en resumidas cuentas solo sirven para moldear el carácter de las personas, no los vamos a encerrar, como otra madre que conocí en mi consulta ella no dejaba que su hija se juntara con nadie, ella la educaba en la casa, como era maestra se encargaba de enseñar a la niña, sin que asistiera a la escuela, las vestimenta que le permitía usar era fuera de moda, unos vestidos horribles que me vi en la obligación de sugerirle que le cambiara esa forma de vestir, porque era inapropiada para su edad. La señora aceptó las sugerencias como buenas y validas, desistió de su manera errónea de educar y de vestir a su niña que ya estaba en la pre adolescencia y no sabía lo que significaba tener amigos, porque su madre no se lo permitía.

Los niños necesitan relacionarse con los demás niños es así como socializan, con los compañeros y su medio ambiente; de esta forma se fortalecen psicológica y mentalmente, además de su familia requieren de sus amigos y compañeros de escuela, la vida no siempre será color de rosas, hasta las rosas son muy hermosas, pero tienen espinas, ellos necesitan aprender a enfrentar las dificultades de la vida, ese caerse y levantarse de las dificultades, y vivir en un mundo lleno de caídas y tropiezos, es que los prepara para ser fuerte y poder enfrentarse a cualquier situación que se les presente.

Imaginemos una plantita cualquiera que sea, que la mantenemos encerrada, donde no le da la luz y el calor del sol, no estará suficientemente fuerte para soportar los embates de un viento huracanado, mientras que si la dejamos expuesta al sol, y a la lluvia, sus raíces se harán más fuerte y de esta forma dicha plantita tendría más posibilidades de sobrevivir frente a cualquier tormenta u otro fenómeno de la naturaleza, así los niños se vuelven más fuerte y aprenden cuando están en compañía de otros niños.

A los niños y jóvenes se le debe formar para que cuando alguien le quiera hacer algún daño ellos tengan la fortaleza y la capacidad para no dejarse abatir, y tampoco sucumbir, antes los embates y problemática, sea Bullying o cualquier otra dificultad, trabajemos en pro de ofrecerles a los niños y jovencitos una mente suficientemente fuerte y sana para que cuando alguien les quiera hacer Bullying sepan defenderse, sin acudir a la violencia, que ellos comuniquen a los mayores, a los profesores, a sus padres a la escuela lo que les está pasando, que no tengan temor de hablar con sus padres, estos últimos son los que deben ir en su defensa, (OJO), sin ningún tipo de violencia hacia los demás niños. Los niños criados en hogares con un fuerte cimiento y reglas claras, con una vasta educación basada en valores, a la hora de enfrentarse con un problema de cualquier índole son capaces de sobreponerse más rápido.

Que se les permita vivir y desarrollarse en hogares donde reine el amor, la tolerancia, la comprensión, aceptación, que se sientan apreciados y estimulados, que puedan creer, tener fe, que sean justo, respetuosos, amables, honestos, cuán hermoso y maravilloso seria que en cada uno de los hogares en todo el planeta tierra, donde existan niños y adolescentes, ellos se sientan querido seguros y apreciados, amados, y protegidos.

Con todo estos y algo más, no existe, ni existirá Bullying en la escuela, no habrá en el mundo ninguna dificultad que logre hacer sufrir a ninguno de nuestros niños o adolescentes, motivar a los niños y jóvenes, instarlos a vencer todas las barreras que aparecen en el camino de la vida, educarlos con una mente suficientemente fuerte, todo esto serviría para prevenir y por tanto disminuirá la estadística de aquellos que hacen Bullying, y como consecuencia no habrá víctima.

Cuando los niños son felices y sienten que sus parientes los quieren, los respetan y les permiten expresarse con libertad, no tendrán deseo de molestar a los demás, porque está feliz y satisfecho, construyamos un mundo mejor para los futuros líderes y para todas las futuras generaciones.

Educación en valores

Es cierto que la mayoría de las cosas pasan de moda, una orquesta nueva desplaza a otra que surge después y logra pegarse, una canción logra un lugar preponderante en las emisoras de radio ocupando los primeros lugares en el mundo hasta que BUM, surge otra nueva que impacta en el público, quitándola del camino, pasa casi lo mismo con la moda, de ropa, zapatos, auto, igualmente, a medida que los diseñadores, van creando una pieza nueva que acapara las tiendas y todos las compran, llega un momento que ya a nadie les interesa y prefieren lo que está al último grito.

No obstante, existen muchos tesoros que por más antiguos que sean y aunque el tiempo haya pasado jamás pasan de moda, quizás un poco olvidados, esos tesoros son los valores humanos. Aunque es posible que en cada sociedad tengan sus propios valores, cultivar valores es propio de cada individuo, es un derecho de cada cual vivir de la forma y la manera que desea; no obstante, los hogares que les prestan atención y los ponen en práctica en la educación de sus hijos, a través del tiempo han logrado formar hombres y mujeres más adaptables a los preceptos y normas de la sociedad.

Hoy en día como en tiempo pasados pasa los mismo, existen muchos hogares en todo el mundo, donde no se han dejado de lado estos grandes tesoros, los valores humanos, no pasan de moda como las demás cosas, ellos siguen ahí vigentes solo tenemos que acudir a su fuente Inagotable, ese manantial de cosas positivas que servirían de base en los hogares, una importante plataforma a la hora de fomentar una solidad educación familiar. Cuando hacemos uso de los valores humanos todos salimos ganando, si empezamos con el respeto, donde quiera que haya este valor es muy difícil que surjan focos de agresión contra alguien.

Si desde temprano enseñamos a los niños con ejemplos, este preciado tesoro, a los niños se les enseña a no, con palabras más con nuestra acciones, el primer paso es respetándoles a ellos sus derechos, una vez que ellos se dan cuenta que los suyos son respetado, comprenderán que deben respetar a sus padres, hermanos y las pertenencias ajenas, irán aprendiendo que los juguetes de los otros niños no les pertenecen y por tanto deben respetar, pero jamás un niño que no es respetado sabrá que debe hacerlo.

La tolerancia, no es tarea fácil educar y criar a un niño formarlo hasta que logre Independizarse de sus padres o tutores, pero este es un bello privilegio que no tienen todas las personas, aunque quisieran, quien quiera que Dios le haya otorgado ese gran regalo, debe ser tolerante, y cultivar la paciencia, porque los niños son eso niños, ellos irán aprendiendo del entorno que les rodea, si crecen en un hogar con personas adultas intolerantes, hostiles, violentas y abusivas, bajo raras excepciones aprenderán a ser poco flexibles. Un ambiente plagado de rigidez no les favorece en nada a los niños o adolescentes, pero también está el otro extremo, hogares extremadamente flexibles donde no existen reglas claras de convivencias. Ambas situaciones sólo irán en detrimento de los menores, debe haber un equilibrio cuando de educar a los hijos se trata. Ellos necesitan modelos para ir aprendiendo, pero sin que las reglas vayan a ninguno de los extremos, aprendiendo que no viven solos en el mundo, que existen más seres humanos y otros seres vivos a los que se les debe respetar, y si es posible estando a nuestro alcance cuidar y proteger. La responsabilidad de educar a los niños y niñas en la educación familiar no corresponde a la escuela, recae sobre la familia, pero muchas veces no tienen tiempo disponible, son muchas las responsabilidades y compromisos de los adultos.

Dado que hay algunas variables que no se pueden controlar, implementar en el currículo académico los valores humanos podría ser favorable, para que los niños desde que empiezan la escuela, vayan absorbiendo buenos modales y algunos valores: tales como respeto, compañerismo, solidaridad, amabilidad, tolerancia, justicia, integridad, honradez, sinceridad, rectitud, amistad, solidaridad, lealtad y una series de valores más que existen y que lejos de dañar a los niños, contribuirá para que su carácter y su personalidad se vaya forjando de manera adecuada, si se les va enseñando desde temprana edad, cuando lleguen a la adolescencia ya tendremos una gran parte del trayecto recorrido, la agresión podría ir disminuyendo aun cuando les haya tocado, vivir en hogares carentes de sensibilidad, humildad, firmeza, amor, comprensión y valores. Aún es tiempo, no todo está perdido trabajemos todos unidos para terminar con el Bullying en la escuela.

La primera piedra debe comenzar en el hogar, si queremos construir una casa fuerte que soporte las más grande tormentas, se debe empezar por poner un fuerte y adecuado cimiento, para que no se derrumbe con una simple brisa, formar a los niños de tal forma que cuando alguien les ataques ellos tengan la fuerza, fortaleza y valor para no dejarse dañar, amedrentar, ni sucumbir, que sean capaces de comunicar al primer indicio de agresión verbal, que tengan la confianza de poder hablar con sus padres, maestros o cualquier persona de su hogar, de la escuela, y que su fortaleza mental les permitas sobre ponerse, a las adversidades del medio, que no sientan la motivación de resolver los problemas que de una u otra forma se presentan en la vida de los seres humanos, que no recurran a la agresión, ni a la violencia, sin que les afecte, y que puedan salir airosos de cualquier situación que se les pueda presentar dentro y fuera de la escuela, sin tener que violentar los derechos de los demás, que no se conviertan en agresores ni en víctimas. Una buena educación en valores les va formando buena moral y carácter a un grado tan elevado que cuando lleguen a su vida adulta les permita insertarse en la sociedad, autentica y adecuadamente, inculcar los valores humanos desde sus primeros años de vida para que los hagan suyos a medidas que van creciendo, después ellos mismo se encargan de ir fomentando ese estilo de vida en las siguientes generaciones.

El objetivo no es decirle a una persona la manera de educar a su hijo, tampoco imponerles parámetros, pero la familia que educa con valores tiene mayor posibilidad de tener hijos más respetuosos de los derechos de los demás individuos, aunque algunas cosas se les escape de las manos, ya han sembrado la semilla, con el tiempo crecerá como lo hace una plantita al final los frutos se podrán recoger. Se sabe que cada cultura posee sus propios valores, a pesar de eso los buenos modales y las buenas costumbres jamás pasaran de moda como pasan las demás cosas. Recuperemos los valores, inculcándolos en los niños desde su temprana edad, sería una buena herramienta para prevenir el Bullying escolar.

Una difícil tarea

La tarea de hacer que desaparezca el Bullying en la escuela no es tan fácil como ir a una tienda y comprarse una prenda de vestir, porque aun aunando todos los esfuerzos habidos y por haber, es como una planta con profundas raíces, aunque se corten siempre surge brotes a su alrededor, que parecen ser una difícil tarea, acabar con esas pequeñas plantitas que hayan quedado, pero un buen cuidado, con empeño, y un trabajo arduo y efectivo, aunque sea a largo plazo se terminaría con esos brotes dañinos, claro que si se puede, cada cual poniendo una pequeña cuota, con un sólo propósito: que pare la violencia y agresiones a los niños y entre los niños, la atención supervisión, cuidado, protección, disciplina sin violencia, ni física ni verbal y muchos menos psicológica.

Disciplinar nunca será sinónimo de agresión de ningún tipo, el afecto y cariño que ellos necesitan para desarrollarse como individuos sanos que no se les sustituya por un montón de cosas materiales que son muy buenas, necesarias e importantes, siempre y cuando no se usen para llenar un vacío afectivo, que de no llenarse adecuadamente, siempre estará latente. Todo lo material que se le pueda ofrecer a un niño es propicio, bueno y maravilloso, siempre que no se pretenda sustituir el valioso tiempo de calidad y el amor que ellos requieren que sus padres o tutores les brinden.

Todo lo material que se le pueda comprar a los niños es necesario para poder vivir en este mundo competitivo, es favorables que ellos vayan creciendo al mismo compás de los avances tecnológicos; todo lo que sea tecnología, claro, supervisada, les será de gran ayuda en su desarrollo intelectual. Que se le ofrezca además de una buena alimentación, educación familiar, hogares donde ellos se sientan amados, protegidos, que se les lleve al doctor para saber que están bien de salud, apoyo con sus tareas escolares, recreación, diversión y una serie de cosas más, que sirven de herramientas para que crezcan sano como niños. Que se les enseñen sus deberes, pero sin atropellar sus derechos, que les sean respetados; los niños precisan ser escuchados por sus padres, deben estar al tanto de quiénes son sus amigos y que hacen en su compañía.

Todo lo anterior acompañado de una buena supervisión de los padres o tutores. Que los programas que sus hijos menores miran a través de las redes sociales y sobre todo la televisión, en la medida de lo posible sean supervisados. En casi todos los hogares hay un televisor, una computadora, una tablet, un teléfono móvil, pero es a los padres que les corresponde este trabajo, ninguna persona ajena debe intervenir en la educación familiar de los niños. Cuando los niños o adolescentes resultan golpeados, como víctimas de Bullying, las heridas externas logran cicatrizar, pero la interna es muy difícil que cure. A veces se mantienen de por vida o se convierte en huellas imborrables.

Ayudar a prevenir, detener, disminuir y erradicar el Bullying del entorno escolar, la violencia entre los estudiantes, fomentando una cadena de instrumentos, creando todas las herramientas, habidas y por haber, como son los programas educativos a nivel social, podrían contribuir. Aun así, son los padres quienes deben velar por su bienestar y vigilar qué hacen, qué miran y con quién se juntan sus hijos; utilizar todos los medios y recursos al alcance para la prevención y detención del Bullying en la escuela. El problema es que mientras haya focos de violencia en los hogares, se hace más difícil.

Todos como sociedad estamos en el deber de ofrecerle a los niños y jóvenes un mejor futuro dicen que en la unión esta la fuerza, es hora de unir esfuerzos para educar a nuestros niños, orientar a uno que otros padres, si es preciso, no todos están preparados para afrontar y manejar estos problemas y muchos necesitan que se les guie para ayudar a sus hijos a ser buenos y mejores ciudadanos, buscar todas las herramientas al alcance, todos unidos para aportar un granito de arena, cooperar en la identificación, prevención, detención y la eliminación de este problema que nos lastima, hiere y lacera el alma.

Aun cuando la víctima no sea alguien que conocemos, escuchar que una persona sea niño joven o adulto terminó con su vida por causa de este terrible mal es bastante doloroso; otras veces se da el caso de que no es la víctima la que ha terminado con su vida, las agresiones van tan lejos que alguien acaba con la existencia de la víctima. Otras ocasiones la misma víctima, hastiada de tanto Bullying, se siente acorralada y decide agredir al victimario. Se invierte los papeles, el agredido termina siendo el agresor.

Han habido casos horribles donde quien era intimidado le arropa la desesperación, decide no aguantar más intimidación, algunos toman decisiones lamentables y otros, aunque sigan viviendo, quedan mutilados psicológicamente, a menos de que reciban un tratamiento terapéutico efectivo, no logran levantarse de ese terrible problema. Es muy probable que no se le haya dado al Bullying la atención que requiere, ésta es la hora, el momento de que se comience a ver el Bullying como lo que es, un problema que termina con la paz, tranquilidad, aniquila emocionalmente y acaba con la existencia de la víctima.

Es tiempo de darle la importancia que amerita, enfrentarlo como lo que realmente es, peligroso y destructor, cuando de niño y adolescentes se trata se deben buscar soluciones rápidas y efectivas, ellos no piensan en consecuencias, por tal motivo a los adultos corresponde buscar las posibles soluciones para ponerle un alto al Bullying escolar. Tal situación es vergonzosa, es doloroso escuchar las burlas que persona deshumanizadas les hacen a los niños hasta por tener una condición especial, no importa si la persona a quien se le hace el Bullying es niño, adolescente o adulto. no es justo, esta situación no debe continuar, quien es adivino para saber que inconveniente ha tenido ese día la persona, y a pesar de lo que le esté sucediendo en su vida, además tiene que soportar las burlas que le hagan atormentándoles, con burlas o intimidación. Parece ser muy difícil crradicar estas conductas indeseables que va en aumento cada día que transcurre, a paso gigantesco como un fenómeno destructor, en detrimento no solo de la víctima, también de su familia. La familia le corresponde hacer un alto en medio de tantas actividades que poseen los adultos, para dedicarles un poco de tiempo de calidad a los menores, eso además de ofrecerles tranquilidad a los padres, les permitirá disfrutar de su niñez, ya que ellos crecen bastantes rápidos, si los padres se descuidan, cuando se les quiere poner atención y cuidado a veces resulta un poco tarde, se sale de las manos, cuando se da cuenta ya crecieron y se pusieron grandes, esos momentos tan bellos de estar compartiendo con sus niños se esfuman como el viento.

"Quien es aquel tan osado que pueda correr detrás del viento para detenerle, por más rápido que corra y aunque tuviera alas no le alcanzara".

Es lo que sucede con los niños, si no se aprovecha cuando son pequeños para educarles en los hogares con una buena educación familiar, al final no hay tiempo, en caso de que se le deje esta enorme tarea a la escuela. Aunque es cierto que una buena educación en valores a nivel académico podría ayudar sin dejar de lado que cada sociedad es diferente, tomando en cuenta que lo que podría ser un valor para una sociedad, quizás no funcione en otro lugar. Aunque los valores y buenos modales, la buena conducta nunca estaría de más en ninguna parte, una educación familiar sustentable, sería el mejor cimiento cuando de combatir brotes de violencia se trata.

La educación que proporciona la escuela y el maestro, es necesaria e importante, en cuanto a lo académico se refiere, pero esta última precisa contar con las bases de una educación familiar, para que haya un mejor y mayor equilibrio entre ambas. Los hogares constituyen la primera sociedad la escuela principal en cualquier país del mundo, es por tal razón que es a la familia a quien le concierne la responsabilidad de proporcionar quietud, paz, bienestar y tranquilidad a sus hijos. Parecer ser una difícil tarea, terminar con el Bullying, no obstantes si se trabaja como familia, escuela y sociedad con el propósito de que este mal tan terrible que ha destruido y mutilado emocionalmente a niños y adolescentes, se le busque una solución efectiva, y que se le dé seguimiento.

Todos unidos podemos contribuir con la disminución de la violencia y el Bullying en la escuela que se ha transformado en un problema que si no se buscan las herramientas adecuadas y rápidas para prevenirlo, tratarlo y detenerlo se saldrá del control. Todos debemos cooperar para darle un no al Bullying escolar, ponerle la señal de pare, un alto, antes que se sigan perdiendo más vidas. No basta con mirar de lejos una situación que viene perjudicando a nuestros más grandes tesoros, ponerse a un lado no conduce a ningún lugar seguro, se requiere una efectiva y ardua labor entre todas las partes, si es que se pretende construir una sociedad donde todos sin excepción, podamos vivir en paz.

El Bullying escolar requiere un compromiso de toda la sociedad para prevenirlo, detenerlo, y erradicarlos, aun cuando sea una difícil tarea, todos tenemos el poder de parar una problemática que tanto daño y destrucción va dejando en nuestra niñez y adolescencias. Empecemos en los hogares enseñándoles a ellos a respetar los principios y valores de los demás. Es la fórmula principal y la única forma de poder convivir en armonía con los demás y en medio de tanta diversidad.

El Bullying a todos nos afecta

El Bullying, se ha convertido en un problema que resulta perjudicial, afecta a nuestros niños, adolescentes y por consiguiente a la sociedad misma. Las actividades dentro del aula una vez que hay una víctima, ya no siguen siendo las mismas, la motivación por aprender y el entusiasmo de los estudiantes nunca será igual, peor aún cuando ambos se encuentran dentro del mismo salón de clase. Las amenazas verbales y no verbales afectan no sólo a la víctima, los demás niños a veces resultan afectado.

Una situación de Bullying sirve de distracción para que todos los presentes desvíen su atención fácilmente, se pierde la concentración, el rendimiento académico de los estudiantes podría ir en declive, si no se logra mantener el control, de una u otra forma el ambiente escolar se altera. Cuando se trata de adolescentes, en ocasiones resulta más complicado porque algunos se unen a los agresores, aquellos que no están de acuerdo con la violencia, se aíslan de la víctima, por temor a ser agredidos, la víctima termina sin amigos, no por falta de socialización, más bien porque los demás niños los rechazan por miedo a ser otras víctimas, en ocasiones reciben las amenazas directas del victimario.

En estos casos el rol del maestro ha de jugar un papel muy importante, pero requiere la participación de los directivos y por supuesto de los padres, cuando se trata de niños y jovencitos, nada se puede lograr sin la presencia de sus padres o las personas responsables de ellos, es un trabajo arduo y por consiguiente en conjunto, para buscar posibles soluciones, las mejores que vayan encaminadas en función de ayudar tanto a la víctima, como a al victimario, él o ella que en ciertas ocasiones son víctimas de otra situación dentro o fuera de su entorno familiar.

Para detener las agresiones verbales, y antes que lleguen a la violencia física, los correctivos deben ser a tiempo, y efectivos, lo más recomendable seria evitar y por supuesto no acudir a ningún tipo de violencia, ni psicológica, verbal y mucho menos física para corregir a los muchachos, estos los pondrá más agresivos, es sabido que agresión genera más agresión, usando la violencia para corregirlos lo único que se conseguirá es que se vuelvan más violentos, y rebeldes, para tratarlos y que se apliquen los correctivos adecuados para cada caso, la intervención de los profesionales de la conducta daría excelentes resultados.

Para los tratamientos en estos casos están los psicólogos, es importante que tanto las victimas como los victimarios reciban ayuda psicológica; la víctima debe recibir un eficaz tratamiento, pero no se debe dejar de lado al victimario, él o ella, también necesitan ser tratado, de lo contrario los niveles de violencia no van a bajar. La participación de los padres siempre será necesaria, que ellos se comprometan a participar de forma activa en este proceso para una mejor efectividad, en busca del bienestar de sus hijos, si se quiere corregir a un niño o existen miles de métodos, sin que se tenga que recurrir a la violencia verbal, las agresiones a través de gestos jamás deberán ser usada. A veces los muchachos sólo están en busca de atención de parte de sus progenitores o tutores recurren a una conducta inadecuada para que ellos les brinden las atenciones que necesitan. Si un niño no tiene ningún problema orgánico, físico o psicológico que altere su comportamiento, es muy probable que solo este buscando ser atendido, sentirse amado y protegido.

Otras veces son conductas aprendidas, niños que viven en hogares hostiles, donde las agresiones verbales y físicas y no verbales, son el pan de cada día, es aquí donde se complica la situación porque, aunque en la escuela se ayude al niño el problema es más profundo. Trabajar con individuos violentos muchas veces complica la situación, se requiere un arduo trabajo, profesionalismo, ética, y mucha paciencia para lograr que los padres cambien las conductas agresivas en contra dc los hijos.

No será tarea fácil, pero no imposible, hay que comenzar, si no se empieza a trillar un camino nunca se podrá transitar por él; para llegar a un lugar es necesario saber a dónde se quiere llegar y dar el primer paso, nadie osa subir una escalera por el último peldaño, se debe empezar dando el primer paso en el primero. Para que la conducta de hacer el Bullying desaparezca de la escuela, la buena participación de los padres es imprescindible, la escuela por si sola nada puede hacer, la presencia activa y efectiva de la familia es la base principal para que este problema pueda ser prevenido, detenido y /o erradicado de la escuela, de los hogares.

Extinguir el Bullying en todas sus ramificaciones podría tomar tiempo, aunque sea a largo plazo es preciso trabajar para que termine, que no haya víctimas ni victimarios. Ningún niño o adolescente debe sentir inseguridad, ni miedo de asistir a la escuela, los niños no deben vivir con temor, eso les impide crecer y desarrollarse como individuo, como persona e integrarse adecuadamente a la sociedad. Todos unidos podemos cooperar no sólo para que se detenga este problema, trabajar en procurar que las siguientes generaciones no tengan que sufrir por ser víctima de Bullying, y para que este problema sea erradicado totalmente de una vez por todas de las escuelas. La educación conduce a un camino de libertad, educar a nuestros niños y adolescentes para que aprendan a vivir en armonía, en paz con ellos mismos, con la naturaleza, con respeto hacia los demás, a la diversidad y que puedan cumplir y guardar las normas de la sociedad.

Corrección efectiva

Como ya se ha mencionado en capítulos anteriores, el Bullying, es la intimidación que alguien recibe sin motivo aparente, físico, mental, verbal, y/o psicológico, que un individuo hace contra la víctima sin razón aparente. Porque en la mayoría de los casos la víctima no tiene ningún roce con quien le hace el Bullying, ni le ha causado agravio; quien se convierte en víctima, tal vez ni una simple mirada le haya regalado al victimario. Otras veces la víctima sólo se transforma en una presa fácil, para que alguien le cause molestias, casi siempre empieza con ataque verbal, gestos, mental y psicológico, pero lo más probable es que llegue a la agresión física.

El Bullying, aunque aparece mayormente en la escuela, son diversos los lugares donde aparecen los focos. Empezaremos aplicando los posibles correctivos en la primera sociedad, la familia, porque es el lugar principal que recibe a los niños y, por consiguiente, les brinda los primeros cuidados desde su nacimiento los protege y los cuida durante los primeros años que son los que van a influir mayormente en el desarrollo de su personalidad. Es en el seno familiar donde los niños empiezan a tener sus primeros contactos y es precisamente en su casa donde ellos comienzan con su más íntima interacción, estos primeros años no solo van a ser determinantes, sino que juegan un papel de vital importancia en su desenvolvimiento futuro.

Tomando en consideración que no necesariamente tienen que ser los progenitores, muchos niños viven con un grupo familiar que no poseen lazos sanguíneos, sin embargo, los niños son cuidados, amados, protegidos y educados de manera correcta y tienen la oportunidad de crecer en ambientes favorables; aun cuando los lazos que los unen no son sanguíneos, los une el amor y todas las cosas gratas y positivas que se producen de ese amor incondicional que deben recibir los niños, independiente de si son nuestros hijos de sangre, adoptivos o gestados.

Es importante saber que los niños necesitan que se les corrija cuando cometen alguna conducta que sale de lo normal, pero OJO, una corrección efectiva, empleada para que ellos aprendan a no repetirla, libres de ofensas, palabras descompuesta y por regla general, el maltrato físico debe ser erradicado de una vez por todas. Los niños no aprenden cuando se les maltrata, esos métodos obsoletos deben ser eliminados, a menos que se quieran tener futuros hombres y mujeres rencorosos y amargados, hostiles y abusadores.

Los adolescentes se vuelven rebeldes cuando son tratados con agresiones, aunque solo se usen simples gestos, los pequeños se convierten en niños tristes, ansiosos y angustiados, piensan que su padres o tutores no los aceptan, no los quieren, ningún niño debe sentir ese tipo de sensación, lo ideal es que todos ellos crezcan felices y alegres sintiéndose amados, protegidos, apoyados, deseados, si aplicamos estos simples correctivos en el hogar seguro que iremos colocando las primeras bases para prevenir, detener, y por supuesto ir erradicando el Bullying. La comunicación en su casa es de suma importancia para que los niños no tengan miedo, ni temor de hablar sobre una dificultad por la que estén pasando.

No es en mejor beneficio aislar a los menores del mundo exterior porque este mismo mundo que esta fuera de ellos, es que les proporciona las herramientas necesarias para desarrollarse social y psicológicamente, es necesario que aprendan a crecer y vivir con todas las dificultades propia de la vida misma, no se pueden retirar a los niños del exterior para protegerlos de que reciban Bullying, u otro tipo de situación, lo correcto más bien seria prepararlos para que aprendan a vivir en un mundo que algunas veces se torna un poco difícil, fortalecer su autoestima.

Para cuando salgan, puedan salir lo menos lastimados posible de las dificultades que podrían presentarse en el camino, reconociendo que hay variables que se escapan del alcance no solo de los adultos, también de los niños, el compañerismo, armonía, la tolerancia, la paz, la solidaridad, la amistad, el amor al prójimo y una serie de valores humanos que existen y están ahí, son cosas que debemos ir inculcando en las mentes de los niños y sobre todo el respeto a sí mismo y a los demás, incluyendo todos los seres vivos.

El inconveniente está en que los niños y adolescentes no tomarán nada de esto en serio si no observan que las personas que nacieron antes que ellos no lo hacen, ellos aprenden más con ejemplos que con simples palabras. No hay forma de que una conducta desaparezca, primero, si se refuerza y segundo si los niños crecen mirando a alguien que la hace. Ellos van aprendiendo de todo aquello que pueden percibir de su medio ambiente, necesitan modelos, sobre todos en sus hogares. Sin obviar todos los demás del mundo exterior que les rodea, que tiene cierta influencia en su comportamiento, siempre que se les corrija con amor, sin violencia de ninguna clase, ellos que aún son niños sabrán tomar las buenas conductas de los adultos.

Corrección efectiva nada tiene que ver con malos tratos por parte de quienes están cargo de los menores, educarlos para la paz, armonía, pero esto sólo se logrará cuando a ellos se les garantice la seguridad, apoyo y protección que se merecen como niños.

Educando para la paz

R ealmente no existe un manual que tenga una receta dirigida a los padres y tutores dándoles pautas de cómo educar a sus hijos para que les vaya bien en la vida, en su desarrollo personal y en la sociedad, en caso de que hubiera, es difícil que se pudiera cumplir al pie de la letra, es probable que, si alguien quisiera ponerlo en práctica, aun así, no tendría el resultado esperado porque los niños, reciben informaciones tanto del hogar como del mundo exterior. En tal caso habría que escribir un manual para cada uno, pero sin resultados porque cada hogar como sociedad única tiene sus propias normas, y maneras distintas cuando de criar y educar a sus hijos se trata, los padres educan a sus hijos e hijas de la mejor forma que han aprendidos de sus padres y de acuerdo con su educación o la de sus ancestros, su cultura y a la sociedad donde viven.

Cuando son niños, la mayoría siguen las reglas, pero al llegar a la adolescencia ellos se dejan llevar por la presión del grupo, escuchan más lo que dicen sus compañeros de clase, o sus amigos, tanto así que algunos adolescentes no quieren que los demás amigos los miren andando con los padres todo el tiempo, o que ellos estén continuamente en la escuela hablando con el maestro situación que podría crear algún desconcierto o especie de desaliento en ciertos padres, algunos no saben qué hacer, otros se sienten confundidos e impotentes; educar a sus muchachos, es algo propio de cada familia, y sumamente personal de los padres, y de la sociedad en general.

No obstante, a pesar de que cada familia de manera individual tiene un patrón para la formación de sus hijos y les da bastante resultado, es factible que esa misma regla, no resulte en otro hogar, porque los niños, no solo reciben la influencia de los padres también reciben un bombardeo de informaciones del mundo exterior. De los amiguitos cuando están en edad escolar, de la televisión y la mayoría de los medios de comunicación. Eventualmente si no existe una supervisión adecuada de parte de los adultos podría ser que los niños, estén recibiendo mucho más de lo que deberían, de acuerdo con su edad, todo esto va a repercutir en su forma de comportarse, sin importar que tan esmerados sean los padres y tutores en su formación. A pesar de que no existen reglas establecidas en cuanto a educar a los niños, y adolescentes se refiere; si queremos que nuestros niños, y adolescentes crezcan siendo hombres y mujeres menos violentos y agresivos, que puedan vivir en sociedad sin ser dañados, y que ellos no les causen ningún daño a otras personas debemos empezar a crear estrategias, buscar recursos, construir nuevas herramientas, encaminadas a formar a nuestros niños, libres de maltratos, de agresiones, y vejámenes.

Es tiempo de poner la primera piedra en el primer lugar donde ellos empiezan a socializar, a desarrollarse, debe ser el lugar más propicio donde ellos deben sentirse seguros y confiados, respetados, protegidos y amados, el hogar, su casa.

Ahí en su entorno familiar, donde ellos fueron recibidos; en cualquier otro hogar que por circunstancias les haya tocado vivir, aun cuando no tengan lazos de sangre. La mejor forma de educar a los niños es con amor y respeto, los niños, y adolescentes que reciben comprensión, apoyo, seguridad en sus hogares, que pueden expresarse con libertad, son niños, que no le harán Bullying a ningún otro niño, Todo niño que es respetado aprende a respetar. El lugar principal para empezar con la prevención del Bullying es en casa, aunque el desarrollo de su personalidad va a depender de factores internos y externos, ya que cada cual es diferente, único e irrepetible. Ellos van aprendiendo de lo que van observando en sus hogares, de su entorno familiar más que de ningún otro lado. La educación en el hogar será determinante en su desarrollo personal, es muy probable que aquellos hogares donde se vive un ambiente de tolerancia, los niños irán aprendiendo a ser tolerante, si se fomenta la comunicación efectiva que ellos puedan expresarse sin ser castigados ni censurados, a ser justo se aprende en un ambiente de justicia y solo cuando son respetados aprenderán a respetar a los demás.

Si los niños se sienten inseguros, maltratados, ofendidos y violentados de cualquier forma, si se les trata con hostilidad, esa sensación de angustia les genera tristeza, rencor, eso mismo van proyectando hacia el exterior y hacia los demás niños, en caso que esa situación no sea corregida llevaran esas raíces al llegar a la edad adulta, se convierten en personas abusivas , hostiles, rencorosas, los niños, que son maltratados, que crecen mirando la violencia en sus hogares, creerán que todas esas inconductas son normales, así van a tratar a otros niños, tanto de la escuela como de su propio entorno. En caso de que no reciban un adecuado tratamiento en su edad temprana, ese comportamiento de no ser modificado, existen muchas más posibilidades que en su vida adulta esa conducta continúe, si queremos que el Bullying pare, que desaparezca todos debemos crear estrategias solidad, valida y duraderas, a corto y a largo plazo. Este no es un problema de escuela, es ahí donde se extiende, se anida en la escuela, su origen está en otro lugar y espacio, no son todos los niños, y adolescentes que se, comportan de forma violenta, la mayoría tienen buenos modales y un buen comportamiento casi todas las personas tienen unos conceptos diferentes de los que son los valores, pero en sentido general la mayoría de los valores humanos son universales.

Qué sociedad o país no apreciaría que sus ciudadanos sean personas respetuosas de las leyes, los bienes ajenos y de las personas, si educamos a los niños, a ser respetuosos, esto se consigue únicamente empezando a tratarlos a ellos con respeto, solo de esta forma van aprendiendo a respetar los derechos de los demás, parte de este respeto incluye no hacerle Bullying a otro niño. La prevención juega un papel de gran importancia, hasta para evitar que se propague una enfermedad física, o mental, la mejor solución sería prevenir, como se podría prevenir el Bullying en las escuelas. No es simple como parece porque en una escuela asisten niños, con diferentes costumbres, culturas, cada uno ha traído consigo unas series de vivencias de acuerdo con lo que ha vivido y aprendido del medio en que se ha desenvuelto, sin dejar de lado factores internos que pertenecen a cada individuo de forma individual. Los niños, no solo aprenden de los padres en este mundo moderno en que vivimos existe un gran bombardeo de informaciones a las que ellos están expuestos, aunque se quiera se hace muy difícil de controlar.

Existe otra problemática es que los padres no disponen de ese tiempo para estar en la casa supervisando los niños, a todas horas, las muchas ocupaciones de hoy día ha dificultado bastante que los padres puedan ofrecerles a sus hijos cantidad de tiempo, pero que tal si se comienza con un poco de calidad, no todo está perdido, que ellos se sientan importantes, queridos, amados, apreciados, cuando necesiten corrección no se les grite, que sean disciplinados con amor, el dialogo efectivo ofrece mayores resultados que una pelea o griterías, los pleitos y las griterías solo ponen a los niños, ansiosos, nerviosos, rebeldes y desobedientes.

Para que gritar lo que se puede decir en voz baja, igual los niños entenderán que se les está corrigiendo por su bien, no es recomendable una discusión con los jovencitos, a menos que no sea para debatir un tema sano, libre de violencia, sin polemizar; si lo disciplina en presencia de sus hermanos, sus amiguitos u otras personas solo conseguirá que los niños, y sobre todos los adolescentes vayan perdiendo el respeto por las personas que les está gritando. Cuando los padres son tolerantes ellos irán copiando, grabando esa información en su pequeño cerebro, cuando lleguen a la edad adulta existe más probabilidad que ellos sean tolerantes hasta con sus propios padres, eso van a enseñar a las próximas generaciones. Enseñarles el compañerismo con ejemplo, sin agresiones de ningún tipo, la solidaridad, la amistad, honestidad, lealtad, cuando los niños viven en hogares donde los adultos son criticones ellos aprenderán a criticar y como regla general las generaciones venideras podrían convertirse en personas que irán repitiendo esa conducta.

No se les está cargando demasiado responsabilidad a los padres para que se vaya reduciendo este problema del Bullying, es simplemente que cuando los niños, y adolescentes sean tratados con respeto y dignidad, que se les enseñe a respetar empezando por respetar sus derechos de ser niños y adolescentes, que ellos puedan tener confort en su hogar libertad, no es que se dejen salir a las calles o andar por ahí sin el permiso de sus padres, a eso no se refiere la libertad, es que ellos puedan disfrutar de su niñez sin censura, libres de ofensas y que no se les robe el derecho que tienen de ser niños. Cuando se les presente un problema en la escuela, la calles o en cualquier lugar, sean capaces de buscar comprensión en sus padres o tutores sin miedo a los gritos, ni maltratos. Se necesita un buen trabajo tanto en los hogares como en las escuelas ofrecerles espacios, lugares libres de hostilidad, hogares confortables, escuelas que proporcionen seguridad, protección y bienestar en el tiempo que ellos permanecen dentro del recinto, brindarles un mundo lleno de paz. Una mejor sociedad a las siguientes generaciones, independientemente, que sean nuestros niños, o no, donde los niños y adolescentes se sientan libres, felices y a gusto, que estén seguros y satisfecho, que puedan crecer física y mentalmente sano. Cuando alguien ose hacerles Bullying ellos estén tan fuertes emocionalmente que las burlas y la intimidación no les afecte en lo más mínimo, que sean capaces de hablar con sus maestros y sobre todo con los padres.

Siempre ha habido Bullying, aunque se le ha prestado poca atención, tal vez porque la situación no se tornaba tan grave como hoy día, ese bombardeo de palabras con el fin de herir y lastimar, de deteriorar la estima, el carácter y la personalidad de los niños, y adolescentes, perdón, esto no comienza en las escuelas, es en algunas casas, por consiguiente, es en el hogar que se debe comenzar a crear las bases para que no haya Bullying en la escuela. Este problema no es de hoy siempre se ha hecho presente, pero no se había tomado tanta consciencia, aunque, hemos visto cifras alarmantes de muchachos y muchachas que abandonan sus estudios por el temor a que les hagan Bullying, jóvenes que si bien es cierto que no han atentado contra sus vidas o la de otro compañero de escuela han quedados incapacitados emocionalmente, se les ha destruido su personalidad. Esto puede parar, si todas las personas que están a cargo de los niños empiezan a tomar conciencia, la solución para esto tiene sus raíces primeramente en los hogares, en las escuelas y la sociedad misma.

Primero los padres formando a sus hijos con una educación de calidad, no se requiere cantidad, como ya se ha dicho en capítulos anteriores, una educación basadas en valores con ejemplos, educar, disciplinar no es ofender, ni maltratar, no es necesario subir el tono de voz, un trato afable logra maravillas, el amor ablanda hasta los corazones de piedra y el corazón de los niños, es muy sensible al buen trato, a los afectos, disciplinar no es sinónimo de ofensas y palabras descompuestas e inadecuadas, se le debe ofrecer una educación para el futuro para las próxima generaciones, educar para formar personas útiles a la sociedad, formar para disminuir la violencia, ellos merecen vivir en paz, esto solo se consigue sin violencia, fomentar en los hogares una educación basada en una rica comunicación, que haya responsabilidad, ningún niño aprenderá a ser responsable si comienza a llevar a la escuela los deberes escolares sin hacer, no serán puntuales si no van cumpliendo con los horarios de la escuelas o miran que estas reglas de los

horarios son violadas por quienes deben mostrarles responsabilidad para ellos ir asimilando una correcta conducta de compromisos. Los deberes y tareas que dejan los maestros deben
ser realizados por los niños, y adolescentes y supervisados por
sus padres y tutores antes de llevarla a la escuela.

Ningún niño nacc honesto, ni solidario, leal a los principios y normas establecida, irán aprendiendo y poniéndolas
en práctica en la misma medida que observan que los mayores lo hacen, si les predica una cosa y ellos ven que los
adultos hacen otra, solo va a crear una ambivalencia en su
personalidad porque no sabrán a que abstenerse. La mejor
receta para enseñar a los niños es con el ejemplo, ellos miran, observan, asimilan, analizan y sacan sus propias conclusiones. En la medida que los padres dediquen más atención
a los niños, y adolescentes, sin hostigamiento, ni persecu-
ción, ya tendrán una mayor parte del camino transitado para
que en el futuro, los padres tengan más tranquilidad, menos
dolores de cabeza, claro sin lugar a dudas que hay que ver
quiénes son las amistades de sus hijos todo esto influirá en
su forma de comportarse, algunos padres y tutores dedican
todo su tiempo energía y cuidados para que sus hijos e hijas
sean hombres y mujeres de bien, pero si no se vigila con
quien se juntan, dentro y fuera de las escuela, es probable
que todos eso esfuerzos y sacrificio no ofrezcan ningún resultado porque las malas compañía también son un factor a
considerar, si no hay un buen cimiento, como padres hay que
tomar cuenta todo en cuanto a sus hijos se refiere.

Los maestros juegan un papel muy importante en la escuela y podrían contribuir cuando aparecen los indicadores de
Bullying y violencia, sin la cooperación de los padres y tutores no hay nada que la escuela pueda hacer, aunque hicieran el
mayor esfuerzo, en un trabajo en conjunto donde deben estar
involucrados: padres, tutores, la escuela y cuando las cosas se
salen de control hasta algún sector de la comunidad. La escue-

la es la responsable de elaborar programas educativos con el propósito de identificar y disminuir la violencia, charlas, conversatorios, y todo aquello que contribuya para mantener la paz y armonía entre los estudiantes y sobre todo encaminados a la prevención y a la detención del Bullying escolar.

Es un arduo, constante, y quizás resulte un difícil trabajo para algunos, pero si queremos formar mejores generaciones es hora, de empezar en casita y por supuesto en todos los planteles escolares, ofreciendo más vigilancia, mientras los muchachos están en la escuela, todo el personal docente es responsable por esos niños, y adolescentes que se encuentran dentro, a mayor supervisión, menos violencia, reglas claras sirven de protección para los futuros hombres y mujeres de la sociedad, en casa la responsabilidad es de la familia de los niños, y adolescentes, en las escuelas del personal docente. Cuando los padres tutores y maestros trabajen unidos, seguros que estaremos creando un mundo mejor para los hombres y mujeres del mañana. Es importante crear posibles soluciones para detectar, combatir los focos de Bullying, no al victimario ellos tienen una conducta que a tiempo se puede modificar. No es combatir a los niños, niñas, adolescentes que hagan el Bullying, es mejor crear las bases en los hogares, las escuelas y la sociedad para que no aparezcan esos condicionantes que provocan y producen los focos de violencias y agresión en los niños. Los jovencitos que molestan, también necesitan ayuda algunos de ellos arrastran alguna situación o conflicto que no logran canalizar; los niveles de violencia, el Bullying solo se reducirán cuando no haya niños, maltratados, tristes, amargados, heridos, estresados angustiado, desesperados, desnutridos, inadecuadamente alimentados, desamparados, no porque los hayan abandonados, sino porque la atención, el cariño y la supervisión es muy pobre.

Cuando se fomente una buena estima y una mente suficientemente fuerte en los menores, aunque ellos fueran burlados o intimidados, podrán salir airosos de cualquier conflicto sin que les afecte. Sin embargo, aun cuando se realice una buena labor en busca de erradicar el Bullying lo más probable es que de vez en cuando broten pequeña raíces, porque se podría educar a los niños, en su entorno familiar, sin embargo, hay que tomar en cuenta que la sociedad no la compone un solo hogar, son millones de hogares, el mundo está formado de muchos individuos, cada uno tiene un modo distinto de ver las cosas de la vida y es algo que sin lugar a dudas se debe respetar.

A cada hogar les corresponde crear herramientas firmes y sólidas para cuando aparecen eso focos indeseados los niños, y adolescentes no se sientan tan vulnerables, en todas partes habrá de todo, lo recomendable seria, crear estimas y mentes fuertes en los menores para que terminen afectados lo menos posible cuando aparecen los problemas. Tal vez no sea posible librarlo de las dificultades que trae la vida y el diario vivir, hay muchas cosas que el ser humano no está acto para controlar, aunque quisiera no puede.

La comunicación, el diálogo de padres y tutores con los menores forma parte de las herramientas a tomar en cuenta. Un ambiente de paz, confianza, armonía, además de todo lo antes dicho se necesita para que los niños, puedan vivir en un mundo cambiante y globalizado, pero que encuentren bienestar y seguridad en cualquier lugar donde ellos se encuentren más aun cuando se trata de su hogar y su segunda casa, la escuela. La mejor y efectiva estrategia para prevenir el Bullying escolar y las demás ramificaciones, siempre será una educación rica en valores, hogares colmados de paz, amor y respeto. Sin obviar la seguridad que debe reinar dentro de los planteles escolares.

El Bullying, cómo tratarlo y prevenirlo

Prevenir el Bullying podría convertirse en todo un reto, sobre todo cuando se trata del Bullying escolar, primero habría que identificar cuáles podrían ser las posibles causas que llevan a un niño o adolescentes a molestar a uno u otros compañeros de su aula o de su escuela. Si partimos desde el punto de vista que no es una sola causa la que produce la agresión en los niños y adolescentes, con el conocimiento que inciden motivos multi factoriales, biológicos, cultural, y sociales y que el medio ambiente en que se desenvuelven los menores realmente influye en su forma de comportarse, tomando en cuenta que las circunstancias de cada individuo, son muy diferentes a las de los demás.

Primero debemos enfocarnos en las raíces que incentivan y se convierten en detonantes de violencia; profundizar más allá de las apariencias que parecen ser las causas que vuelven a los niños y adolescentes agresivos, a un grado tan elevado que se trasforma en burlas o maltrato psicológico o físico hacia uno u otro compañero de aula o escuela. La intimidación, que recibe la víctima causándole sufrimiento, dolor y angustia, por un victimario sea niño o adolescente, puede ser un asunto un poco complicado, un niño que hace el Bullying, sin lugar a duda que está pasando por alguna situación interna o externa que lo empuje a desplazarse hacia su víctima.

Para que se pueda prevenir el Bullying, debemos empezar por concientizar a la sociedad que esto se ha convertido en un problema que no solo disminuye la autoestima de la víctima, destruye su personalidad, y hasta acaba con su vida. Lo primero es que se reconozca como un problema que deja pérdidas humanas, todo aquello que debilite la capacidad de pensamiento, que lleve al desaliento, causando ansiedad, depresión, sufrimiento y dolor en alguien debe buscársele una inmediata y eficaz solución.

Todos como sociedad podemos unirnos para realizar un trabajo en conjunto, si queremos una mejor sociedad con mujeres y hombres con sus mentes sana, que vivan en armonía con todos los demás seres vivos se necesita hacer una reestructuración tanto en la sociedad como en el entorno familiar, donde los niños y los adolescentes tienen sus primeras experiencias de vida; con los adultos que los reciben por primera vez desde que salen del vientre de sus madres hasta que llegan a la adultez. Aunque se reconoce que son muchos los factores que pueden convertir a un niño o adolescente en victimario, la educación en el hogar juega sin lugar a duda el papel más importante, un buen cimiento en cuanto a educación familiar se refiere, sirve de bases para cuando tengan que enfrentarse con el mundo exterior, la educación familiar es una buena plataforma que les permite poder enfrentarse a un sin número no sólo de información, que van a encontrar afuera, también se encontraran con diversas situaciones a las que deben estar preparados, emocionalmente, con su mente fuerte y sana, que les permita salir airoso de los obstáculos y problemática que se presentan en el camino durante su desarrollo y para poder manejar todas esas gamas de problema que de una u otra forma llegan.

Una de ellas podría ser el fantasma del Bullying cuando llegan a la escuela, que sean capaces de comunicar a los adultos desde que inicien los primeros índices de agresiones, la observación a los niños siempre será recomendable, algunos no hablan de algo que les esté pasando, pero podrían tener una conducta repetitiva, sobre todo los más pequeños, relacionada con lo que haya sucedido en la escuela u otro lugar.

Para prevenir los niveles de violencia en los niños y adolescentes, la participación de la persona adulta es determinante, aunque en un hogar, no se presenten focos de violencia, la exposición a programas televisivos con mensaje subliminales y algún video juego cargado de violencia, pueden convertirse en factores que provoquen un cambio de conducta, en un niño, más que en otros, aun cuando vivan con individuos pacíficos, prevenir el Bullying escolar, no es sólo un asunto que recae únicamente sobre los padres, aunque es al adulto del hogar a quien le corresponde colocar el cimiento principal, ofreciendo al niño un hogar donde reine un ambiente de paz, armonía, compresión, apoyo incondicional, protección, cuidando tanto en su desarrollo físico como en la parte emocional, para que su autoestima se mantenga en equilibrio, y agregar todos los elementos necesarios que requiere un niño para crecer como individuo, que logre insertarse en la sociedad de forma adecuada.

A la escuela le toca su parte de inversión, porque los niños pasan un periodo en ella, sea corto o largo, mientras están en la escuela, la misma deberá proporcionar no solo una educación académica integral de calidad se requiere de una continua vigilancia sobre los menores que están a su cargo en ese periodo de tiempo. La escuela debe garantizar protección y la seguridad de los niños mientras se encuentran en ella.

Es a la escuela que le corresponde crear herramientas válidas y lo suficientemente sólidas para mantener la seguridad y la quietud dentro del plantel y al maestro le corresponde innovar estrategias para que los estudiantes estén tranquilos, atentos, y no pierdan la concentración mientras imparten el preciado pan de la enseñanza; cuando uno de los estudiantes se distrae dentro del aula, hay una gran probabilidad que otros caigan en los mismo, sin llegar a la psicorrigidez el maestro debe mantener el control, en el salón de clase, reglas claras frente a los focos de Bullying, podría ser favorable, una vez que se presenta el primer indicador de Bullying, se deberá detener, los padres deben ser partícipes de todo lo que tenga que ver con sus hijos y por supuesto los directivos de la escuela también deben ser informados de cualquier situación que surja en el salón de clase.

Si se reconoce el Bullying como un problema social que de una u otra forma nos afecta como sociedad, entonces ha llegado el momento de que todos nos unamos para trabajar en procura de su prevención, y para que se les ofrezca un buen tratamiento tanto a la víctima como al victimario; terapias psicológicas que deben ser proporcionadas por un profesional entrenado, capacitado, y autorizado para efectuar este tipo de tratamiento. La prevención del Bullying escolar debe ser a tiempo, sin dejar que crezcan sus raíces y antes que sus ramas vayan a parar a la escuela, fomentar una verdadera comunicación en el hogar, paz, seguridad, amor, respeto, que a los niños a medida que van creciendo se les enseñen sus deberes, pero que igualmente sus derechos sean respetados, las correcciones a los menores deben ser libre de agresiones, que no exista ningún tipo de violencia, emocional, psicológica, física, ni de ninguna otra índole para prevenir el Bullying escolar, los niveles de violencias entre los adultos responsables de los niños y todos los que vivan con ellos en la misma casa deben bajar. Los niños deben recibir el apoyo incondicional de los padres y tutores tanto en la parte emocional como académica.

La supervisión de los adultos es un eje de suma importancia, saber quiénes son los amigos de sus hijos, que hacen en su compañía y a donde van. Una buena supervisión y monitoreo de los programas que ven los menores en el televisor, y sobre todo cuando son adolescentes que miran y que hacen ellos en las redes sociales, no es correcto dejar que los niños tengan acceso a todas las informaciones de las redes sociales, no significa que se van a alejar de la tecnología, todo lo contrario ellos deben ir creciendo al compás de los avances tecnológico, todo esto les favorece para desarrollar su capacidad intelectual les permite una gran amplitud de sus conocimiento y les sirve de ayuda en la realización de sus deberes escolares. Todo esto es favorable y de gran provecho siempre y cuando haya supervisión de parte de los adultos.

La tecnología, además de ayudarles a realizar los deberes académicos les ofrece la oportunidad de descubrir sus talentos, ampliar sus capacidades intelectuales, permitiéndoles estar a la altura del mundo moderno, los niños que tienen acceso a la tecnología tienen más oportunidades de desarrollar al máximo destrezas y sus capacidades intelectuales, en relación con aquellos que no la tienen, quienes podrían estar en desventaja. La supervisión es de vital importancia. Si tenemos la intención y queremos prevenir el Bullying escolar, se requiere incentivar una solidad educación familiar basada en valores, es muy probable que cada sociedad tenga un concepto diferente de lo que son los valores, pero todo el mundo quisiera tener personas amables, respetuosas, honestas, honradas, solidarias, responsables y sensibles.

Para prevenir el Bullying escolar, es necesario que en los hogares se bajen los niveles de violencia verbal, psicológica y todos los indicadores que pudieran provocar cualquier tipo de agresión o violencia. De forma especial evitar el maltrato físico y psicológico que algunos parientes les hacen a los niños y adolescentes. Todo aquello que pueda contribuir a la prevención del Bullying escolar será de suma importancia, sin embargo, es necesario que la sociedad tome participación, mirar y enfocar el Bullying como un problema que viene afectando a nuestros niños y jovencitos por un largo tiempo, son muchos los niños entre diez y catorce años que han sufrido por ser víctima de Bullying en su escuela o a través de su celular, y cuando se trata de los adolescentes entre catorce y diecisiete años la cantidad es alarmante. Unos hacen el Bullying de forma personal, a través de un teléfono y otros usan las redes sociales.

Si nos levantamos todos como sociedad para trabajar en conjunto como un solo cuerpo, unidos en busca de soluciones, dirigidas a la prevención del Bullying escolar, llegará un momento que no tendremos que preocuparnos, porque ya no habrá más niños víctimas, ni victimarios, es crear las bases en los hogares, la escuela, y la sociedad para que no aparezcan esos condicionantes que provocan y producen los focos de violencia y agresión en los menores.

El rol de la familia es proporcionarles hogares donde los valores sigan presente, además de que estos deben estar colmados de paz, tranquilidad, y amor, para que no haya ninguna carencia afectiva en los niños, que ellos no experimenten ningún tipo de vacío en su interior, ya que la carencia afectiva podría convertirse en un detonante. Crear canales de comunicación en los hogares para que los niños y adolescentes hablen con sus padres, tutores cuando están siendo molestados o intimidados por uno de sus compañeros de aula o escuela, el rol de los mayores debe ser escucharlos, desde el primer instante que ellos quieran hablar. Apoyarlos en todo momento, motivarles a enfrentar los problemas con diplomacia, usando el diálogo como una buena vía en la resolución de conflictos.

La violencia sólo se puede combatir con educación, esa es y siempre será la clave principal para controlar y prevenir el Bullying escolar. No obstante, los niños necesitan amor y compresión de todos sus seres queridos, es preciso que ellos se sientan amados, apoyados, aceptados y comprendidos.

Aun cuando existan sanciones y se crearan otras mucho más drásticas, aplicables contra quien hace el Bullying, por más severas que sean las sanciones, estas no servirán para detener este problema que tanto nos afecta. No hacemos nada si no se concientiza a la sociedad para que trabaje en la reestructuración familiar, poner controles en todo aquello que produce violencia, a la que los niños y adolescentes están expuestos cada día.

No surtirá ningún efecto con sanciones contra los victimarios si no se crean las bases para eliminar los indicadores que producen los focos de violencia y agresiones verbal, no verbal, física y psicológica.

Se necesita un plan de acción, dirigido al diseño de programas educativos, con el propósito de educar a la primera sociedad la familia, para que ellas a su vez contribuyan a disminuir los niveles de violencia en el hogar. Hasta que no se produzcan cambios en la forma de educar a los menores, se hará muy difícil que el Bullying disminuya o pueda ser prevenido. Tampoco se va a eliminar esta conducta combatiendo al victimario, son niños y adolescentes que necesitan ser tratado con un eficaz tratamiento psicológico. La educación es una buena herramienta para combatir la violencia, si educamos hoy a nuestros menores no habrá necesidad de encarcelar a los adultos mañana, aunque el Bullying escolar aparece en la escuela, debemos crear conciencia que sus raíces no nacen ahí, la semilla que produce el Bullying está en algunos hogares y en la sociedad misma. Por tal motivo a todos como sociedad nos corresponde luchar para que a este problema se le busquen soluciones.

Todos tenemos la voz y el poder de cambiar el mundo de nuestros niños y adolescentes, educándolos con amor, es la única forma de transformar a las personas, entonces eduquemos a los niños con valores, y sobre todo con amor hacia ellos, a la humanidad y hacia los seres vivos, tanto la víctima como el victimario requieren que se les ofrezca un tratamiento, con seguimiento, no es un asunto transitorio, de un día, una conducta no cambia de la noche a la mañana, tomando en cuenta que cada una de las problemáticas de cada individuo, es diferente y deberá tratarse de acuerdo a la situación y circunstancias que la provocan, de manera particular.

A la víctima como víctima y al victimario como tal, ya que algún vacío dentro de su interior o exterior le está motivando a que moleste a otro niño. Es muy cierto que todos como sociedad tenemos el deber de ofrecerles a nuestra niñez un mundo colmado de armonía de paz y amor, y que los primeros que deben poner la primera piedra son los hogares, la familia.

La prevención del bullying debe empezar en casa, violencia cero hacia los niños y enfrente de ellos. Sin embargo, todos podemos prevenir el Bullying escolar con la misma intensidad que se combaten una serie de problemáticas existentes Es tiempo de empezar a ver el Bullying, como un problema que causa dolor y sufrimiento en la víctima y en última instancia termina con su vida. A sabiendas que existe una gran cantidad de informaciones del mundo exterior a la que ellos están expuestos, independientemente de la buena labor que estén haciendo los padres, la sociedad misma debe ser partícipe, para que se logre un trabajo eficaz para su prevención.

Las familias en particular, puede trabajar en este sentido, apoyándoles, y supervisándoles, porque el Bullying en sí, no surge sólo, detrás del mismo existen una serie de factores que lo provocan, investigar las causas por la cual los muchachos agreden a otros, una vez que hemos identificado su origen de forma exhaustiva, realizar un trabajo en conjunto entre la escuela y la familia. Siempre habrá que hacerle saber tanto a la víctima como al victimario, cuán importante son ellos para su familia e igualmente para la escuela y sobre todo para la sociedad, que los menores reconozcan que ellos son el futuro, sin ellos nuestra sociedad se iría extinguiendo.

Mantener una verdadera y efectiva comunicación con los niños desde su temprana edad, de tal forma que al llegar a la adolescencia tengan confianza en sus padres para contarles todo lo que les esté pasando dentro su cabecita, su mente, en la escuela o fuera de ella; crear hogares que ofrezcan un ambiente de paz, seguridad y armonía donde ellos se sientan apoyados, amados y protegidos. Fortalecer la autoestima de los niños y adolescentes, en todo momento y circunstancias, para que puedan enfrentar cualquier problemática sea de Bullying o de otra índole.

Mantenerse atentos y poner control de los programas que miran los niños en la televisión, y a través de las redes sociales, bajar los niveles de violencias en el entorno familiar y todo tipo de violencia física, psicológica, y emocional. Educar a los niños con una buena educación familiar basada en valores: tolerancia, compañerismo, solidaridad, cooperación, humildad, responsabilidad y respeto. Hablar con los niños y adolescentes acerca del Bullying, haciendo énfasis en el daño que causa a la víctima y sus consecuencias para quien lo hace. Explicarles el sufrimiento por el que tiene que pasar la víctima.

Sobre todo, cuando son adolescentes, ellos no miden sus actos, solo actúan sin pensar en consecuencias, a ellos se les deben presentar los peligros que corre la víctima a corto y a largo plazo, que esta conducta de hacer Bullying no es correcta y por consiguiente el victimario tendrá que pagar de alguna manera por su acción e incentivar a los menores a la resolución de conflictos con base en el dialogo, libre de violencia.

Es necesario dedicarles algún tiempo de calidad a los niños para que no se sientan solos y desprotegidos, que no haya en ellos espacios para sentirse solos y abandonados dentro de lo posible la alimentación que reciben deberá ser rica en nutrientes, una balanceada alimentación les permite un buen desarrollo tanto físico como emocional. Todo el aporte que puedan brindar los padres para que los niños mantengan buenos modales dentro y fuera de su hogar es favorable. No obstante, a la escuela le corresponde cooperar eficazmente para que el trabajo de los padres no vaya a parar al vacío.

Diseñar estrategias a nivel escolar con el objetivo de identificar los primeros focos de Bullying, una vez que se presentan, elaborar formulas, para detenerlo antes que contamine a más estudiantes, no siendo así la situación podría volverse incontrolable. Con el primer indicador de violencia de un estudiante hacia otro, ya sea del aula o plantel, se debe informar a los padres o responsables de los menores. La detención del Bullying evitara que se expanda por todo el salón de clase y de la escuela misma, por tal motivo corresponde al maestro estar alerta; una vez que se da cuenta que algún niño empieza con sutiles palabras contra de uno de sus compañeros se deberán buscar formas adecuadas para detenerlo y no permitir se propague por toda el aula. Incluir el Bullying en el currículo académico, como un tema a tratar para enseñarles a los niños y adolescentes desde los primeros cursos que no se les debe hacer burlas a otros niños y educarlos con un no, a la violencia.

Dejarles saber cuánto daño y sufrimiento le causa a la víctima y las posibles consecuencias para el victimario, concientizar a los estudiantes que el Bullying es un grave problema que puede acabar con la estima de los demás y hasta conducirles a tomar drásticas y lamentables decisiones que podrían extenderse más allá de la escuela afectando a la familia y a la sociedad. Que los estudiantes reconozcan que el Bullying es destructor, que puede acabar con la vida y los sueños de los individuos, que una simple e inocente burla o intimidación puede convertirse un arma destructora y tan potente que es capaz de destruir la personalidad, el carácter y la autoestima y terminar con la vida de la persona.

A los maestros les corresponde crear estrategias dentro del salón de clase, para que ningún niño o adolescentes termine siendo víctima de Bullying; dentro de lo posible crear ambientes de convivencia y buenas relaciones entre los estudiantes, tanto en el aula como en la escuela. Siempre será responsabilidad de la escuela mantener la protección y seguridad de los estudiantes mientras permanecen en el centro educativo. Por tal razón, al primer indicador de Bullying, se deberá trabajar para detener esa conducta inadecuada, siempre con la participación de los padres. Es necesario que se inserte en el currículo académico una asignatura sobre educación en valores, empezando desde los primeros niveles, para que los estudiantes vayan aprendiendo, desde pequeños el valor de la persona, y como vivir en sociedad sin tener que recurrir a hacerle burlas a los demás, que sepan vivir en un mundo donde todos somos diferentes, aunque seamos iguales como seres humanos, pero que todos sin excepción merecen respeto, sin importar su condición, credo, raza, o color, edad, o cualquier otra situación, o circunstancias por la que pueda estar pasando.

Que los niños y adolescentes reciban charlas y conversatorios, por un personal capacitado sobre autoestima, compañerismo, tolerancia, solidaridad, todos esto dirigido a fomentar y fortalecer la convivencia y armonía entre los estudiantes, que ellos aprendan a respetar las formas de pensar de los demás, sabiendo que cada uno es único y diferente. Podría ser de provecho la dramatización con los estudiantes de algún hecho donde alguien ha sido víctima de Bullying, enfocando el dolor y sufrimiento de la víctima y también las consecuencias y sanciones para el victimario.

Es función de la escuela elaborar programas de prevención que vayan dirigidos a evitar la propagación de todo tipo de agresiones, teniendo como prioridad el Bullying escolar, un buen acercamiento entre la familia y la comunidad educativa sirve de base para evitar la propagación del Bullying, una mayor comunicación entre padres y escuela no solo servirá para que no surjan brotes de Bullying, también contribuye para un mejor rendimiento académico y un buen comportamiento de los estudiantes siendo así todas las partes saldrán beneficiadas, escuela, alumnos y por supuestos los padres a la postre se llevarán la mejor cuota.

La sociedad también puede involucrarse colocando su pequeño grano de arena, para prevenir, detener y erradicar el Bullying escolar, ya que sabemos que el Bullying, aunque va a parar a la escuela se ha transformado es un problema social, que viene acabando con nuestros niños y adolescentes.

Los centros comunitarios podrían contribuir implementando programas educativos a través de los medios a su alcance, para ayudar a aquellos padres que no saben cómo manejar esta problemática cuando sus hijos se convierten en víctima o victimario.

Vamos todos unidos a trabajar para prevenir el Bullying escolar, recordemos que la mejor forma de educar a los niños y adolescentes es con amor y respeto, otorgándoles sus derechos y por supuesto enseñándoles sus deberes. Cuando todos trabajemos con un mismo sentir, padres, escuela y sociedad, todos unidos, buscando herramientas, y recursos con el objetivo de evitar que los menores estén expuestos a ninguna clase de violencia, ni agresiones, estaremos caminando por un sendero seguro, libre de Bullying escolar. Es necesario trabajar con la familia porque los factores que inciden para que aparezcan los focos de Bullying son multi-factoriales, tantos los factores biológicos, cultural y social, inciden para que los niños y adolescentes presenten estas conductas.

Para tratar el Bullying, necesariamente hay que tomar en cuenta cada uno de los factores que podrían convertirse en detonantes. Una vez que los hemos identificados, habrá que trabajar con cada uno de ellos de forma individual, para trazar líneas y crear bases sólidas, encaminadas para la prevención, tratarlos, y para su eliminación. Hasta que no trabajemos con los elementos que lo producen, nuestra lucha contra el Bullying será más difícil, aunque no imposible. Los imposibles no existen, si se quiere conseguir algo, aunque necesita hacer un arduo trabajo, y aunar esfuerzos, en este caso del Bullying, es necesario la unión de todos como si cada niño y adolescente perteneciera a nuestra familia en particular, todos ellos son nuestros de la sociedad.

Una vez identificados los posibles detonantes, necesariamente tendremos que unir fuerzas, ya que no es un problema de escuela, a todos como sociedad nos concierne formar niños y adolescentes con un buen carácter y equilibrada personalidad, recordando que cuando uno de ellos alcanza un gran logro todos nos alegramos, pero de igual forma cuando otro presenta una conducta no adecuada, todos terminamos pagando un alto precio, siendo así por tal motivo levantémonos, con un mismo espíritu, una sola voz, para proporcionarles una mejor sociedad a los futuros hombres y mujeres del mañana.

Podríamos crear estrategias dirigidas a ofrecerles un buen entrenamiento a los maestros para que cuando se presente el primer indicador de Bullying en su aula, ellos estén preparados para manejar dicha situación antes que se propague por toda la escuela. Crear centros donde los padres encuentren ayuda para ayudar tanto a la víctima, como al victimario y a la vez, para orientar a los padres acerca de la mejor forma de tratar a su hijo víctima de Bullying y/o al victimario. Y otra herramienta positiva sería crear escuela de padres para ayudarles con cualquier problemática concernientes a sus hijos, todo esto debe llevarse a cabo por personas capacitadas, autorizadas y por supuestos entrenadas. El arma más potente para acabar con la violencia sin lugar a duda siempre será la educación, a sabiendas de que la verdadera educación no necesariamente surge en la escuela, tiene sus raíces en el hogar.

Conclusión

El objetivo de este libro no va dirigido a enseñarles a los padres y tutores la forma o manera como van a educar a sus hijos, muchos menos darles una receta para que la apliquen, nada de eso, bajo ningunas circunstancias, aunque haya un manual, y existan miles de libros que les muestre la forma más adecuada de ser papas; o como formar buenos y mejores hijos, íntegros ciudadanos, libres de prejuicios, con buen carácter, emocionalmente sanos, física y psicológicamente, aptos y útiles para incorporarse a la sociedad.

Hombres y mujeres dignos y prósperos, honestos, tolerantes, solidarios, pacíficos; siempre habrá variables que las personas no pueden controlar. A través del tiempo muchos padres se han esmerados en educar a sus hijos de una manera correcta y algunas cosas se salen de sus manos. Respetando el derecho que tiene una familia de formar a su hijo. El único propósito de esta obra es aportar un grano de arena de los millones que hay a la orilla del mar, intentando crear herramientas sustentables, duraderas en la búsqueda de soluciones para prevenir, y detener el Bullying escolar, no sólo en las escuelas, que parece ser el lugar de origen, pero sin lugar a dudas, el Bullying trasciende más allá. Las raíces no están en las escuelas, por lo general es en ellas que el problema tiende a explotar, el Bullying se va originando poco a poco en los hogares, además de ciertas variables externas que, aunque los padres quisieran, jamás podrán controlar.

Este libro es el resultado de una larga experiencia trabajando con niños, niñas y adolescentes en diferentes escuelas tanto públicas como privadas; surge de la impotencia, el dolor, la tristeza y la desesperación y el sufrimiento de ver cantidades de niños y jovencitos víctimas de Bullying, destruidos psicológicamente, con sus sentimientos heridos, mutilados emocionalmente y otros heridos físicamente. No resulta fácil mirar a un joven sangrando por fuera, sabiendo que está lacerado en su interior, aun cuando no se perciban las heridas, ellas están ahí latentes dentro de su ser, destruyendo su autoestima y su personalidad y saber que algunos han muerto a causa de Bullying.

A sabiendas de que el Bullying no sólo dice presente a nivel escolar, posee raíces más profundas, es como un gran árbol que su rama se extienden por muchos lugares y espacios; va más allá de los centros educativos. El único propósito es buscar un despertar en la sociedad para que se enfoque el Bullying escolar como lo que es, un gran problema que causa sufrimiento a nuestros niños y adolescentes y por supuesto a la familia. Todos como sociedad podemos aunar esfuerzo, trabajar, pensar en todos los aportes positivos que estén a nuestro alcance e innovar otros para que se detenga la violencia hacia los niños y adolescentes y entre ellos, que se construyan herramientas y se empleen todos los recursos disponibles para detener el Bullying escolar.

Elaborar estrategias para que dentro de lo posible los menores puedan vivir en ambientes favorables, hogares donde ellos se sientan deseados, amados, apoyados, que se les permita ser lo que son, niños libres de cualquier tipo de maltrato, o violencia, que se les ofrezca tiempo de calidad, aunque no se pueda dar cantidad. Ellos no requieren cantidad, desean sentirse seguros, que no les sean violados sus derechos, que se les enseñen los deberes, pero sin ningún foco de violencia, ni agresión; verdaderos hogares donde ellos se sientan libres de expresar sus sentimientos, sus inquietudes, de decir no cuando sea necesario. Donde la comunicación esté presente en todo momento, que se les hable con la verdad, que se fomente la paz, la armonía, cooperación, solidaridad, compañerismo, tolerancia, comprensión, amor y respeto.

Una educación familiar basada en valores, lejos de dañar les permitirá tanto a los niños como a los adolescentes, respetar la diversidad, favoreciendo a su vez la convivencia en la sociedad. Todos, padres, escuelas, sociedad en conjunto, en la búsqueda de soluciones, crear conciencia para prevenir, detener, evitar, tratar y por supuesto, erradicar. Todos unidos como sociedad para detener el Bullying escolar. Es tiempo de mirarlo como lo que es, un problema que daña a la víctima, le causa sufrimiento emocional y trae consecuencias que van en detrimento del victimario.